COLECCIÓN
AMATISTA

EL LIBRO DE ORO

SÉNECA

Plutón
Ediciones

© Plutón Ediciones X, s. l., 2024

Segunda Edición: 2025

Diseño y maquetación: Saul Rojas Blonval

Traducción: Celia Akram

Edita: Plutón Ediciones X, s. l.,

           E-mail: contacto@plutonediciones.com
           http://www.plutonediciones.com

I.S.B.N: 978-84-10233-05-8
Depósito Legal: B-5012-2024

Impreso en China / Printed in China

Estudio Preliminar

Lucio Anneo Séneca nació en la actual Córdoba, España, hacia el año 4 a. C. No se sabe mucho de su vida hasta el año 41 d. C. y la información que existe al respecto es porque él mismo la escribió. De cualquier manera, procedía de una familia distinguida de la alta sociedad en un momento histórico en el que Hispania estaba en auge dentro del Imperio Romano.

Al parecer, pasó los primeros años de vida en Roma, junto a su tía Marcia, la hermanastra de su madre. Aunque Marcia tenía bastante dinero, se afirma que, en esta época, Séneca vivió en una habitación encima de un baño público. Sea esto verdad o no, lo que sí se sabe es que, durante ese período, le enseñaron la retórica y fue introducido al estoicismo por el filósofo Attalus.

En el año 16, acompañaría hasta Alejandría a Marcia y su marido, que fue nombrado gobernador de Egipto. Allí aprendería nociones de administración y finanzas mientras estudiaba la geografía y etnografía egipcias e india, y empezaba a desarrollar su interés por las ciencias naturales, en las que acabaría destacando en geología, meteorología y oceanografía.

En su estancia en Egipto, conocería el misticismo pitagórico, al igual que los cultos a Isis y Serapsis que, en aquella época, estaban ganando adeptos entre los romanos. Esto lo llevaría a hacerse vegetariano, aunque después acabaría inclinándose por el estoicismo y seguiría esta doctrina durante toda su vida.

Volvió a Roma en el año 31 y, a pesar de su delicado estado de salud, pues sufría asma desde pequeño, fue nombrado cuestor, este puesto formaba parte del *cursus honorum* y era el magistrado de menor rango dentro del imperio. Eso marcaría el inicio de su vida en la política, donde destacó como orador y escritor.

Para el año 37 se había convertido en el orador principal del Senado, levantando los celos de Calígula, que ascendió a emperador y, según parece, ordenó la ejecución de Séneca. Si bien esto no llegó a suceder, pues una mujer cercana a Calígula lo convenció, alegando que ya gozaba de una mala salud y, además, estaba enfermo de tuberculosis, por lo que no viviría mucho.

Esto hizo que Séneca abandonara el cargo y se retirara de la vida pública. Pocos años después, en el 42, con la muerte de Calígula y el ascenso de Claudio, volvería a ser condenado a muerte por este, si bien, al final, la condena se conmutó por un destierro a Córcega. No se saben las causas de esta condena con seguridad, pero se dice que pudo haber sido por cometer adulterio con la hermana de Calígula, algo que resultaba bastante improbable.

Su destierro duró ocho años, y regresaría a Roma en el 49, gracias a Agripina la Menor, que, además, lo nombró pretor. Poco después, en el año 51, la misma Agripina haría que lo ascendieran a tutor de Nerón, que más tarde se convertiría en emperador.

En el año 54, Claudio moriría envenenado, según algunos historiadores, por la misma Agripina y su hijo, Nerón, ascendería al trono. Séneca fue nombrado, junto a Sexto Afranio Burro, consejero y ministro por el joven Nerón, que contaba con tan solo 17 años.

Durante los próximos ocho años, gobernarían de facto el imperio. Sin embargo, conforme Nerón iba creciendo, iba alejándose cada vez más de la influencia de Séneca, y llegó un punto en el que un consejero lo acusó de haberse acostado con Agripina, lo que daría inicio a una campaña de desprestigio contra el filósofo.

En el año 59, Nerón acabaría matando a su propia madre, Agripina, y esto marcaría el inicio del fin para Séneca. Para el 62, con la muerte de Burro y la campaña de desprestigio cada vez más fuerte, Séneca pidió el retiro, que le fue concedido, de forma que pudo alejarse de la peligrosidad de la corte.

Séneca murió en el año 65, tras ser condenado a muerte por conspirar contra Nerón, algo que, en realidad, no sucedió, pero Nerón, aprovechando la conjura de Pisón, decidió librarse de aquellos que consideraba peligrosos. Sabiendo que Nerón sería cruel, decidió suicidarse para evitarlo, y tras un par de intentos, murió asfixiado en una sauna a causa de su asma.

De él nos han quedado sus grandes obras, que reflejan su modo de pensar y vivir desde el punto de vista de la filosofía estoica. Las más conocidas hoy en día son sus *Consolaciones* y sus *Diálogos*. En las primeras, como su nombre indica, trata de consolar a sus receptores tras los fallecimientos de seres queridos para ellos. Séneca ya deja ver claramente su pensamiento estoico en estos escritos, aunque no alcanzaría su auge hasta más tarde.

Es en los *Diálogos* donde encontramos este pensamiento en su máximo esplendor. Los Diálogos invitan a la reflexión sobre distintas cuestiones, como sus nombres indican, y es dónde Séneca puso mayor esfuerzo para plasmar sus ideas estoicas. Es gracias a estos escritos que Séneca ha llegado a ser tan famoso e importante en la historia de la filosofía.

El libro de Oro

El Libro de Oro es una recopilación de la filosofía estoica de Séneca hecha a partir de sus escritos. Está formado por una serie de máximas o aforismos extraídos de sus principales obras filosóficas, juntados por primera vez en español en el siglo XVI, concretamente en el año 1555, de la mano de Juan Álvarez.

Pero ¿qué es una máxima? Una máxima (o aforismo) es, a grandes rasgos, una sentencia o principio moral. Séneca, como el gran filósofo que fue, era un experto en cargar estas pequeñas frases de un gran sentido y significado.

En esta edición del *Libro de Oro* de Séneca, hemos optado por dividir el contenido en dos partes. La primera, llamada *Máximas morales* consta de una selección de máximas o frases sacadas de la totalidad de su obra.

La segunda, llamada *Principios filosóficos*, complementa a la primera parte desde un punto de vista filosófico, desarrollando y enriqueciendo sus ideas desde muchos puntos de vista y temáticas, como, por ejemplo: la virtud del alma, la felicidad, la sabiduría, la muerte y la divinidad.

Creemos que esta presentación ayudará al lector a comprender mejor a Séneca y sus premisas e ideas estoicas acerca de la vida y de la mejor ruta a seguir para aprovechar al máximo el potencial de nuestra corta y efímera existencia en este mundo.

MÁXIMAS MORALES

En el mal puede haber un solo bien: la vergüenza de haberlo realizado.

Por remedio será suficiente ser mejores que malos.

El ánimo de aquella persona a quien encantan las cosas terrenas no es muy grande.

Tratemos de olvidar lo que nos entristece cuando lo traemos a la memoria.

Para conservar la felicidad se necesitan nuevos favores de la fortuna.

Lo necesario para la vida se adquiere con facilidad. Es muy doloroso que empecemos a vivir cuando morimos. Para saber cualquier cosa es necesaria la experiencia. Siempre el valor es ambicioso de riesgos.

Para vivir bien es suficiente con un lujo pequeño.

Todas las personas están de acuerdo contra los maleficios. El ser fea es un argumento de ser casta. No existe nadie tan humilde que no tenga poder para perjudicar.

El desagradar a los malvados es una prueba de virtud. El ser humano muere demasiado pronto para llegar a conocer las cosas eternas.

Los beneficios que hacemos los tenemos en alto precio. La aparente simpleza es artificiosa.

Todo lo que nos viene en deseo es ajeno.

El que únicamente busca grandezas las encuentra alguna vez. La pena que nace de la vergüenza es muy amarga.

Los que ahora son hombres antes fueron jóvenes. La abundancia que trae demasiada codicia es perjudicial. En lugar ajeno ningún reino está seguro.

La memoria de los beneficios recibidos dura menos que la de las lujurias.

Demorar el castigo es una crueldad muy extrema.

Con el fin de obrar bien, el que recibe no debe olvidar nunca y el que da debe hacerlo pronto.

Un miedo apaga otro miedo y un amor otro amor.

Para únicamente subsistir no se necesita la fortuna.

Da señales de ingenio desde la niñez.

El amor, aunque sea virtud, causa daño algunas veces.

Los frutos no llegan a madurar si son demasiados.

Si quieres ser útil a ti mismo, sé útil a los otros.

El lenguaje de la persona de bien se distingue por la claridad y la sencillez.

Muy pocos hombres aciertan antes de equivocarse.

Lo que tú haces a otro debes esperar que te lo hagan a ti.

Por nuestra voluntad se toma el amor, pero no se deja por voluntad nuestra.

Al padre se le debe amar si es bueno y si es malo, sufrirlo.

El vicio que le encubres a tu amigo lo haces tuyo.

El que pelea con un ebrio, pelea con un hombre ausente.

La mala nueva se cree después.

Cuando una mujer es abiertamente mala, es buena.

Solo cuando fallece, el avaro hace algo acertado.

La edad se descubre más cuando se trata de ocultar con artes.

Amar es tan útil al joven, como indecente al anciano.

Quien hace la llaga del amor es quien la sana.

El que se determina súbitamente, se arrepiente súbitamente.

La ambición de honores jamás ve impedimentos.

El conservar la vida es valentía en muchas ocasiones.

De la voluntad penden los beneficios y las injurias.

Quien da beneficios a aquel que lo merece, también los recibe.

Hemos nacido con buena suerte si no la estropeamos.

El beneficio que se hace a todos, no se hace a ninguno.

El esperar, aunque sea el bien, da cuidado siempre.

Quien desprecia la fortuna es dichoso.

Quien se tiene por desdichado lo es.

Los días de nuestra existencia son acortados por la inconstancia.

Los buenos hábitos duran porque se conforman más con otros.

El beneficio que concedemos sin que nos lo hayan solicitado tendrá doble valor.

Quien recibe beneficio ajeno vende su propia voluntad.

El que muere a voluntad de otro, muere dos veces.

El que refiere su propio beneficio pide beneficio ajeno.

Es muy bueno tener fama, sin embargo, es más seguro tener en qué apoyarla.

Quien se vence en la victoria, vence dos veces.

El liberal busca oportunidad incluso para dar.

El que siente cómo duerme tiene un sueño pesado.

Lo que se aprende a profundidad, jamás se olvida completamente.

El que perdona a los malos, les hace una ofensa a los buenos.

La riqueza es buena si la razón la manda.

La persona que puede ser injusta, desea serlo.

El compañero elocuente alivia el trabajo del camino.

La temeridad es disculpada por el buen éxito.

Morir de manera voluntaria es morir bien.

Algunas veces, el infortunio es ocasión de virtud.

La casualidad es favorable a veces.

El haber obrado es una causa de obrar mal.

Nuestro ingenio es curioso por naturaleza.

El haber dado nos pone en obligación de dar.

Cuando no se levanta sobre su esfera, el hombre es una cosa despreciable.

Tanto más aumenta el esfuerzo cuanto más consideramos la grandeza de lo iniciado.

No queda ninguna esperanza de virtud cuando los vicios no solo se disfrutan, sino que también se aprueban.

Al que no tiene asiento en ninguna cosa, no existe ninguna que le agrade demasiado.

Se debe tomar consejo de acuerdo con el día y, si se puede, de acuerdo con la hora.

Quien reprende al afligido es cruel.

La poca templanza del paciente hace que sea cruel el médico.

Viene más rápido el peligro que no se teme.

Obedeciéndole, la mujer virtuosa manda a su esposo.

El que procura su muerte deja su vida manchada.

El que al realizar un beneficio cuenta con la recompensa es merecedor de ser engañado.

Retratar con palabras las grandes desgracias es muy difícil.

Libertad es obedecer a Dios.

Tendríamos que recibir bien los trabajos, sabiendo que provienen de la Providencia.

Al caer alguna parte del todo, no está seguro lo que queda.

El entendimiento se distrae con la diversidad de libros.

El hombre que quiera vencer se debe preparar para una guerra de mucho tiempo.

En las grandes desgracias es un consuelo el que no pueda ocurrir otra más grande.

Lo que se resuelve para siempre se debe determinar despacio.

El mejor de los tiempos para morir es el floreciente.

Lo que ignoramos haber perdido, no lo perdemos.

La ira nos da valentía.

A todos no les sientan bien todas las cosas.

Los males dudosos angustian mucho más.

Aquel que promete una salud dudosa al desconsolado, se la está negando.

Tarde se olvida lo que se aprende en mucho tiempo.

Los sollozos del heredero son risas ocultas.

La voluntad del príncipe se debe llevar pacientemente en lo justo y en lo injusto.

Es una cruel bondad conceder las súplicas que son en perjuicio del que suplica.

Incluso el que se aleja de la virtud la reconoce.

De la voluntad proceden la amistad y la enemistad.

La escasez de una cosa le da precio.

El espíritu se afemina por demasiados deleites.

Hay ambición hasta de males.

Se debe esperar la muerte que ordena la Naturaleza.

Por dolor, la inocencia se hace culpable en muchas ocasiones.

Cuando deseamos una cosa, la prontitud nos parece tardanza.

El sabio enmienda su vicio por el ajeno.

Al desdichado le sobran y le faltan pensamientos.

Al que está determinado a morir, se impide la muerte por demás.

La virtud hace que los débiles lloren y se lo impide a los valientes.

Lo que no se puede escuchar, súfrase y no se reprenda.

El juicio se trastorna por la paciencia ofendida muchas veces.

El temor se pinta en la cara.

Es más continua la fortuna desfavorable que la próspera.

Siempre haz lo que debes y no lo que puedes.

De la virtud al vicio hay menos camino que de los vicios a la virtud.

Quien siempre le teme al mal, mejor lo sufre.

Para el glotón no existe manjar caro.

La frugalidad es una voluntaria pobreza.

Carecer de sepultura importa muy poco.

Feliz el que no lo parece a los demás, sino a sí mismo.

La dicha ve de dónde puede llegar y no de dónde nace.

Ser aborrecido de los vicios es un premio venturoso de la virtud.

El que ya pasó por los vicios está más seguro en la virtud.

Muchas veces, la confianza provoca la lealtad.

La fortuna guarda para desgracias mayores a quien favorece.

El infortunio que es común a muchos es tolerable.

La fortuna nos puede robar el dinero, pero no el valor.

La fortuna somete a los cobardes y teme a los valientes.

Hasta el infortunio se cansa.

En los viejos el estar cerca de su libertad es ocasión de mayor constancia.

El final de un trabajo es comienzo de otro.

La maldad que sucede al bien se tiene por virtud.

La salud que jamás se perdió es mejor.

No existe mejor recomendación que una cara bella.

Aquel que recibe lo que le es imposible pagar, engaña.

El que escapa del juicio confiesa el delito.

Las cosas fingidas vuelven a su forma natural rápidamente.

Nada le queda por perder a aquel que una vez perdió el crédito.

La fortuna no se contenta con hacer un solo daño.

El que pasó por trabajos mayores lleva bien el pequeño.

Se entiende con más facilidad lo que se propone por partes.

Los honores que prosiguen empiezan con más dificultad.

Lo obtenido de gracia se aprecia poco.

El que en el mismo ejercicio esgrime, aprende las normas.

El trabajo es útil como alimento para los pechos generosos.

En una persona bella la virtud es más grata.

La honra que se granjea en la ociosidad es despreciable.

Nos hiere con más fuerza la desgracia inesperada.

El traidor es el peor enemigo.

Las palabras feas ofenden, incluso pronunciadas de una manera leve.

Para venir a mucho no se debía empezar por poco.

La pobreza en ninguna parte se siente más que en el destierro.

El piloto demuestra su valentía y su conocimiento en la tormenta.

Se siente mucho quedar atrás en honores a aquellas personas a quienes precedemos en virtud.

Únicamente es meritoria la ambición por no perder el tiempo.

La alegre pobreza es honra.

No se tiene por honrado el que no obtiene cargos públicos.

Incluso después de haber pasado, los placeres recrean.

Quien prodiga consuelo en la prosperidad, lo encuentra también en la desgracia.

La pobreza se ve forzada a tentar todos los senderos.

La ponzoña tiene las palabras suaves.

Sirve de manera honrosa el que sirve conforme a las circunstancias.

Es preferible hacer herederos a otros que buscar alguien a quien heredar.

Nos pesa de vivir y de morir.

El que otra vez navega se queja del mar sin razón.

Siempre presume de tu amigo, porque puede ser tu enemigo en algún tiempo.

Las ofensas son incentivo del valor en muchas ocasiones.

La ira del joven se enciende de repente y se apaga de una manera fácil.

De señor a esclavo es una caída muy grave.

Un príncipe aborrecido no tiene el cetro seguro.

Las lágrimas faltan en las desgracias grandes.

De una desgracia otra desgracia es víspera.

El ánimo poco constante menos sabe cuanto más intenta saber.

Hasta nos agradan los vicios de quien amamos mucho.

La opinión del vulgo es el peor de todos los males posibles.

Lo que no se sabe cuándo va a faltar se debe guardar con más cuidado.

La fortuna no tiene poder en el tiempo que transcurre.

Un acto de maldad es no dejar el beneficio en poder de quien lo realiza.

Ver alegre a un amigo es una causa justa de alegría.

El que únicamente es agradecido en secreto es muy ingrato.

Todavía hay muchas cosas que no tienen nombre.

El que quiere realizar una ofensa, ya la realizó.

El que trata de hacer daño cuando está airado, no se cuida de lo que le puede ocurrir.

Incluso después de sanada la herida, queda señal en el pecho del sabio.

Siempre en lo mal iniciado, la terquedad se tiene por más honrosa que el arrepentimiento.

El mal más grande que puede haber en los vicios es que los unos se conviertan en los otros.

Es ingrato aquel que es agradecido por miedo.

No saber utilizar las riquezas es propio de un ser humano débil.

Es más alegre conseguir un amigo que tenerle ya.

De deleites torpes solo queda el remordimiento.

Es comienzo de virtud el conocer el vicio.

Puede llamarse realmente felicidad la que se mide con nuestros deseos.

En nuestras costumbres no tiene ningún poder la fortuna.

Temer lo que jamás experimentamos es debilidad.

Es débil el que abraza la muerte por evitar el infortunio, y necio el que vive solo para él.

En los banquetes no hay ninguna conversación que concluya.

Estar en el ocio muy tranquilos es pereza, no reposo.

Mucho recogimiento es una especie de vanidad.

Es muy injusto hacer mal a aquel que te lo hizo menos veces.

El que se muestra inocente espera derrotar a la desgracia.

Perdonar a la persona que se arrepiente es una cosa virtuosa.

Cuando te haces dichoso llamas a la desdicha.

Entre personas sospechosas se vive mal.

Es desagradecido el que, agradeciendo, tiene la mirada en otro segundo beneficio.

Es desagradecido aquel que agradece con el mismo beneficio.

Todo lo pasado es sufrible; da mayor cuidado lo que se teme.

La ley se somete a la utilidad en muchas ocasiones.

Una sola muerte bien se sufre.

Lo que se gana con trabajo se cuida mejor.

El mal que acepta consejo no es grave.

Aquel que teme de cerca, teme menos.

Los hombres se convierten en pecheros por el miedo.

Si la razón no derrota a las lágrimas, las aumenta la suerte.

El que mejor puede ocultar sus apetitos, los puede usar mejor.

Los deleites duran menos que su recuerdo.

La desgracia que se puede sufrir es ligera; la que no, corta.

Para quien no le teme a los trabajos todo es posible.

Que no llore el alma, aunque lo hagan los ojos.

Ninguna persona puede ganar sin que otra pierda.

Todo trabajo sería llevadero si la opinión de las personas no lo agrandase.

La mujer no acepta términos medios: odia mucho o ama mucho.

Tener excelente memoria es comienzo de la sabiduría.

El que sufre ver morir no tiene amor perfecto.

Hasta la muerte escapa de los infelices.

El desdichado cae con facilidad.

El mal consejo es peor para el que lo da.

Al que mucho tiene, mucho le falta.

El consejo que no se puede cambiar es malo.

Es más agradable dar que recibir.

La demencia es el remedio más grande para los que tienen miedo.

La virtud detesta a los bajos espíritus.

Al pobre lo alegra un poco bien.

El reposo es el alivio de los trabajos.

El temeroso descubre mucho en su cara.

Venir a miseria es mayor trabajo que tenerle miedo.

El infortunado no cree a la prosperidad cuando llega.

Todas las cosas que suben mucho tal vez caen.

Haber hecho la injuria es su mayor castigo.

Es más peligrosa la enfermedad que sobreviene a la persona convaleciente.

Para nosotros es absolutamente necesario muy poco.

Ninguno es menospreciado de otro si no lo es antes de sí mismo.

Las personas tristes se alejan de lo que aman mucho.

Más ama el que se pone a menos provecho con más peligro.

Lo que se dio mal se agradece mal.

Muchas personas son desdichadas; pero las más lo son por culpa nuestra.

Se agradece más lo que se da fácilmente que lo que se da con larga mano.

Ruego es una palabra molesta y pesada.

Matar repentinamente es una especie de misericordia.

Lo que jamás pudo alegrar se siente menos cuando se pierde.

Es preferible poseer bienes, aunque sea para dejarlos a un lado, que nunca poseerlos.

Tener compañeros en desgracia es un mal consuelo.

La virtud pierde todas sus fuerzas si carece de oposición.

No existen grandes ejemplos sino de pésima fortuna.

El que no tiene experiencia en los trabajos más los siente.

Se aprecia más el beneficio que dio comienzo a una amistad.

Es preferible tener a la verdad obligada que tener confianza en ella.

Es mala salud la que se alcanza por otra enfermedad.

Aconsejar es una virtud de segundo orden.

En manos del desesperado nunca se debe poner la espada.

Muchas cosas poseen reputación por nuestra debilidad y no por su valor.

Nuestra vida debe ser mejor que la del pueblo, pero no opuesta.

Si tuviésemos siempre testigos evitaríamos muchos peligros.

El valor en competencia no se aumenta más.

Para muchos, poder ser temidos fue motivo de temer.

Comenzar siempre la vida es una cosa trabajosa.

Se miente muchas veces únicamente por costumbre.

La casualidad en nuestra vida puede mucho, debido a que vivimos por casualidad.

Se deben determinar grandes cosas con un espíritu grande.

Aquel que desea mejorar las costumbres tiene mucho camino andado para mejorarlas.

Las adversidades casi nos obligan a ser insensibles y duros.

La causa que necesita compasión no es buena.

Puede llamarse malo al que solo es bueno por su provecho.

Lo que agrada a muchos se cuida con gran peligro.

Al que pronto se le niega lo que pidió, se le agravia menos.

A las personas que tienen poca experiencia, creer que no tienen semejante les aumenta mucho su mal.

La sensualidad es la sepultura de ingenios.

El infeliz tiene más cuenta con Dios que el dichoso.

La clemencia que place al que escucha contra su voluntad es grande.

No existe mal que no ejecute una mujer furiosa.

Jamás un peligro se derrota sin otro.

La verdad se pierde en grandes terquedades.

Es mucho más fácil derrotar a nuestros enemigos que a nosotros mismos.

Lo que se realiza por no poder más nunca es una vileza.

Nadie es infortunado si no se compara con otros.

Por pequeña que sea, no existe ninguna cosa en la que no quepa la virtud.

Poco tiempo es suficiente para hacer el mal.

No es posible atacar a los poderosos sin correr algún peligro.

No existe dicha que dure demasiado.

El camino del cielo no es blando.

No existe nada más fuerte que el amor verdadero.

Cuanto más grande es la prosperidad, tanto menos se debe tener confianza en ella.

En una nación no es suficiente la unión sin las fuerzas ni las fuerzas sin la unión.

Menospreciar la vida es cobarde, y resistir a grandes adversidades es esfuerzo.

Jamás te rindas a la fortuna.

No existe ninguna cosa honesta que no sea de utilidad.

La felicidad no posee algo semejante a lo que muestra.

No existe soledad en que alguna persona no viva por pasatiempo.

La Naturaleza no hizo cosa difícil de las que son necesarias al ser humano.

En el destierro no falta lo necesario, y para lo superfluo no son suficientes los reinos.

Sentir los males es de hombres y no sufrirlos es debilidad.

La razón no derrota por sí misma a cada vicio, pero sí a todos a la vez.

El que ama de verdad jamás mira su provecho propio.

Únicamente el trabajo honesto y la razón pueden darle consuelo al afligido.

Quien no recibió no se confiesa obligado.

No existe nada tan caro como lo que se compra con ruegos.

Es una cosa insufrible tener que suplicar por lo que ya se ha concedido.

El tiempo que transcurre entre dudas es muy doloroso.

No tenemos libertad para nacer a nuestro propio arbitrio.

De la suerte buena es la que debemos confiarnos menos.

No existe nada eterno, e incluso son muchas cosas las que duran poco.

La prosperidad que llegó lentamente es la que más dura.

No existe desdichado que no encuentre algún consuelo mirando a otro que es todavía más desdichado.

Ninguna persona nace para pasar la existencia sin trabajos.

Partir por medio con el más poderoso no es ninguna ofensa.

De todas las cosas que nos pertenecen, la que extraviamos es la que nos parece la mejor.

La muerte en que el padre queda vivo es muy sentida.

El que no había de vivir más de lo que vivió no murió temprano.

Todo lo que más se ama corre peligro más veces.

Ninguna persona aceptaría la vida si tuviese entendimiento al momento de recibirla.

La muerte no se acomete con tanto ánimo en la primera ocasión como la segunda.

El que vence sin peligro nunca logra la gloria.

Dicha es nunca necesitar de ella.

Ninguna persona vive más pobre de lo que nació.

Toda tierra es natural para el hombre muerto.

Ningún trabajo que se ha de pasar en una sola ocasión es grande.

En la mesa no debe adquirirse el amigo.

El beneficio que nos obliga a recibir no es beneficio.

Ninguna persona se cree culpable si él es su propio juez.

El hombre codicioso no puede ser agradecido.

No hay deleite más verdadero que el que no puede quitarse.

No existe una desgracia similar a la execración pública.

El que se denigra por hacer cosas grandes no posee bajo espíritu.

Al que menos se conoce, menos se debe.

No hay ninguna persona tan baja que no pueda esperar venganza de otra mayor.

Por grande que sea, la cura se nos hace fácil si se siente provecho de ella.

En ninguno la rabia es más peligrosa que en el que castiga a otro.

El sabio castiga por remedio de lo que está por venir, nunca por venganza de lo pasado.

Quien mira a la prosperidad del que recibe el beneficio, no lo hace.

Ninguna persona se equivoca por sí sola.

Haz juez de la vida a tu propia consciencia, no a la opinión popular.

Cualquier virtud se obtiene a través del trabajo.

No alcanzar una cosa no es deshonor, sino dejar de poner los medios para lograrla.

Jamás hubo una muerte de la que no hubiese lamento.

El que es útil contra su voluntad no realiza buenas obras.

Únicamente sabe mucho el que sabe lo suficiente para alcanzar la victoria.

Se necesita mucho para grandes cosas.

El lugar en el que estamos seguros no es destierro.

No existe adversidad que carezca de remedio.

El que está en todas partes no está en ninguna.

Si es la última, ninguna desdicha es grande.

Jamás mucho costó poco.

El médico no puede sanar bien sin tener presente al paciente.

Jamás es excesivo publicar lo que se necesita que todos sepan.

Solo se debe hablar al que escucha con voluntad.

Al que hace muchas pruebas alguna cosa le sucede bien.

No es industria la que llegó a su efecto por casualidad.

Aquel a quien la vejez hizo vecino de la muerte tiene que esperar poco.

Aquella persona cuyas obras no son conformes no tiene el valor en su punto.

Cuando hay demasiada prisa no puede existir orden.

Que cada uno se honre con lo que le pertenece.

Si nos contentáramos con lo que sabemos, ya no se realizaría ningún descubrimiento.

No es importante leer demasiados libros, sino que los que se lean sean buenos.

La esclavitud voluntaria es la más vergonzosa de todas.

Aquel que ama mucho no siente ningún temor.

La diligencia terca lo vence todo.

Las muchas ocupaciones sirven de obstáculo para la felicidad.

Ninguna persona quiere darse tristeza a sí misma.

No hay nada que odiemos más rápidamente que aquello que nos causa incomodidad.

Nadie ama a su patria porque es grande, sino porque le pertenece.

No existe nada que cambie más rápido que el amor.

Nadie muere sino a su momento.

La felicidad de nuestra vida no consiste en vivir, sino en hacerlo bien.

No hay arrojo tan general que no falle en parte.

No hacer nada es lo mejor para el infortunado.

No existe dicha tan perfecta que carezca de toda aflicción.

Al codicioso nunca le falta razón para negar.

Nunca debes exigir lo que tú tendrías que negar.

Siempre el delito lleva el castigo consigo mismo.

No existe ningún camino que no tenga final.

No hay adversidad grande que perdure demasiado.

Nos alegra, lógicamente, el fin de nuestras desdichas.

El que es mejor que el malvado no es bueno.

La virtud no se mantiene escondida.

Si algún animal tiene tranquilidad solo la debe a nuestro hartazgo.

No hay día largo para la persona ocupada.

No debe imitarse a un solo hombre, aunque se trate del más sabio.

El discípulo pocas veces llega a igualar al maestro.

No existe mejor motivo para llorar que no el poder hacerlo.

Se cree con dificultad lo que ha de dar tristeza luego de creído.

La persona que comienza una cosa sin fundamento jamás acierta en lo que hace.

Odia como que has de amar, y ama como que has de odiar.

No saber morir es una cosa muy triste.

El amor verdadero no sufre demoras.

El que le tiene mucho miedo al odio ajeno no sabe ser rey.

Deleitarse con las vestimentas es algo natural de las mujeres.

El señor se hace pacífico con la obediencia del vasallo.

Toda pasión es terca y mala de despedir.

Toda vida es martirio.

Bien termina la virtud si la vida termina primero.

Cualquier virtud es muy difícil de seguir, e incluso lo que se aproxima a la virtud.

Siempre, el sabio debe hacer fundamento en la virtud.

Toda la dificultad de las épocas es ley de la naturaleza.

Padecer al ingrato hasta que sea agradecido es virtud.

El hombre vence todo menos el hambre.

Cualquier expresión del arte es una imitación de la Naturaleza.

Mientras vive el hombre lo puede esperar todo.

No hay ningún vicio al que no se le puede encontrar disculpa.

La blandura debe entrar en toda represión.

Incluso para el dichoso todo es incierto.

Negar con buena disculpa es parte del beneficio.

El que sufre fácilmente del tormento se libra de él.

Perder la patria es doloroso; más doloroso temer esta desdicha, y excesivamente doloroso las dos desgracias juntas.

La vergüenza que se fue no sabe regresar a su dueño.

Al que va rápido un estorbo pequeño se le hace muy grande.

El peor consejo parece mejor a los muy jóvenes.

El príncipe debe amar a su nación más que a sus hijos.

La nobleza debe obedecer a las fuerzas de la fortuna, especialmente si es oprimida en una guerra justa.

Lo que se mira muchas veces pierde su gracia.

Las desgracias son inútiles para aquel que no aprende de ellas.

Las leyes del pueblo pocas veces suelen estar de acuerdo con la sabiduría.

El pobre se harta contra su voluntad.

La dificultad con que se alcanzan los sustentos incrementa su valor.

No se consigue nada restituyendo al derrochador lo que perdió.

La pobreza solo es pesada para aquel que la considera así.

En el deudor es un vicio muy grande ofender a su acreedor.

Consideramos como patria la tierra donde vivimos felices.

La ceguera es parte de la inocencia.

La gran multitud de los que pecan nos quita la vergüenza de pecar.

Cuando se sigue grandeza se ahoga el comienzo.

La Naturaleza nos hubiera dado poco si no nos diera más que a sí misma.

Aquel que pregunta por qué debe seguirse la virtud pide alguna cosa sobrenatural.

Tener lo exacto es el primer grado de las riquezas, y tener lo suficiente es el segundo.

Desde que a los vicios se les dio el nombre de virtud se perdieron las buenas costumbres.

El hambre nos mete en poca costa y el hastío en mucha.

Haber terminado de vivir antes de acabar la muerte es una cosa virtuosa.

Es natural de los pobres contar el patrimonio muchas veces.

La conversación y la presencia de un ser amado posee un deleite muy fuerte.

Debemos detenernos antes de ofrecer, pero cumplirlo después de ofrecerlo.

Hay engaño cuando se concede lo que se negó antes.

Después de errar, lo segundo es la vergüenza de haberlo hecho.

Aquel que condena fácilmente muestra voluntad de condenar.

El enemigo hace más daño al que escapa.

El ingenio se aviva con las pasiones.

¿Qué cosa no derrota a la virtud?

La virtud auténtica no debe ser fingida, sino natural.

Aquel que no tiene que esperar, no debe desesperar por nada.

A aquella persona a la que la razón no le pudo dar remedio, la paciencia se lo dio muchas veces.

El que pide con miedo da motivo para que se lo nieguen.

Aquel al que la suerte le da trabajo, entonces que lo sufra.

El apesadumbrado cree más fácilmente lo que desea.

Quien alaba su linaje, alaba una cosa ajena.

Al hombre valiente no le llega la desgracia.

El recuerdo de las desgracias pasadas nunca es alegre.

Cada uno disfruta o sufre de acuerdo con sus obras.

La existencia de un solo día no puede asegurarse.

El príncipe que quiera permanecer en el trono debe gobernar con compasión.

Aquel que reconoce algún vicio en sí mismo, imagina que cuando se menciona aquel vicio están hablando de él.

Lo más perfecto que existe en el ser humano está libre del poder de los otros seres humanos.

El que dio tarde no quiso dar por mucho tiempo.

El beneficio recibido no satisface al que no lo paga con usura.

Si deseas alguna cosa de bastante valor, trata de que haya muy pocas como ella.

Aquel que, pudiendo, no evita que se cometa el delito, lo admite.

Para el ganador todo es lícito.

Hay cosas en que la ley nos da lugar y le quita vergüenza.

Todo lo que domina a la razón es afición.

Lo que jamás se hizo puede hacerse.

El tiempo que precede al tormento es la mayor parte de él.

Hay vicios que deleitan como señales de felicidad.

La cosa que hizo más grave la Naturaleza la hizo común.

Lo que llega a lo más alto está cerca de caer.

El padre quiere más venganza de la que quiere la ley.

El que trae a la memoria el beneficio es quien lo pide.

Existen muchos que matan incluso amando.

Aquel que recibió algún beneficio de buena voluntad, ya pagó la parte inicial de su obligación.

Se aprecia poco lo que se aprecia en casa.

Hay cosas que no es suficiente con haberlas aprendido para saberlas.

Nunca guardes tus bienes de manera mezquina ni los gastes despilfarrándolos.

El que no quiere recibir otra vez de lo ya recibido, le pesa.

Si tuvieses necesidad de alguna cosa, pídela prestada a ti mismo.

Cumple tus obligaciones puntualmente de la misma manera que las contraes.

Existen casos tan horribles que ofenden al mismo que los castiga.

Es preferible evitar lo que está por venir que pelear sobre lo que ya pasó.

El que se quiere ver expedito en la obra debe ejercitarse antes en ella.

Muchas personas finalizaron la vida antes de comenzar a vivir.

Aquel que no aceptado haber cometido un error no acepta que le regañen.

Debemos reflexionar sobre quiénes somos y no la reputación en la que nos encontramos.

El día siguiente siempre es peor.

El que se teme de antemano produce menos dolor.

Demasiadas sutilezas despojan a la razón de sus bienes.

El que llegó a lo más alto no tiene que subir.

Existen pocos viejos y felices.

El súbdito tiene pocas veces licencia contra el señor.

Es grosero el tirano que castiga con la muerte.

Los descendientes siempre vuelven a la raíz.

Se puede llamar rey el que no le tiene temor a nada.

El amor natural, si falta alguna vez, regresa luego.

El miedo es centinela de reinos.

Las cosas grandes no pueden restituirse.

La virtud tiene un precio y es ella misma.

Una especie de desechar es dar otro tanto después.

Desasosegada cosa es la propiedad.

Poco más o menos, en todo es igual la razón.

Se equivoca el que pone en riesgo su inocencia por el odio del malvado.

Aquel que, pudiendo hacerlo, no favorece al que se encuentra en peligro, está ayudando a que lo maten.

El que vive de acuerdo con las costumbres del vulgo, vive de una manera vil.

El mal se conoce más temprano que el bien.

En pocas ocasiones se unen la mucha conversación y el buen juicio.

Memoria y uso producen sabiduría.

Jamás es tarde para vivir de buena manera.

En algunas ocasiones una maldad se encubre con otra.

Realizar nuestro deseo es una cosa que da alegría.

La pasión nos ata la lengua muchas veces.

No existe nada que hunda más los espíritus que la pobreza.

Debemos a nuestra prontitud lo que logramos contra la voluntad de otro.

No recibir beneficio es suficiente agradecimiento para el que da de mala gana.

Todas las esperanzas se enlazan.

No poder llorar la muerte es otra muerte.

La parte de nuestro cuerpo que más se ejercita es la más sana.

Aunque no tengan resultado, los estudios son dignos de elogio.

Favorecer al malo por razón del bueno es más virtud que no prestarle ayuda al bueno por causa del malo.

Si no existe ninguna diferencia en las costumbres, todos los hombres son iguales.

Al que se pone en regla tarde, le queda poco remedio.

Ama si deseas que te amen.

La esperanza es nombre de un día incierto.

Nos da más tristeza la opinión del trabajo que el propio trabajo.

Siempre, la ignorancia en las personas se encuentra en su principio.

El auténtico júbilo es muy severo.

El que se entristece porque va a tener tristeza durante algún tiempo está equivocado.

No existe lugar tan angosto donde el pensamiento no pueda elevarse.

Estupidez es ensalzar en las personas cosas ajenas a ellas.

No olvides tratar a tu inferior como quieres que tu superior te trate.

La falta de experiencia inutiliza y destruye muchas oportunidades buenas.

Que viva en el desierto aquel que solo quiera vivir entre hombres justos.

La gravedad permanente pierde su autoridad.

El que no comienza a aprender porque le parece que ya es tarde está en un error.

En muchas ocasiones es poco lo que se da y mucho lo que se sigue de tanto darlo.

Es preferible saber cosas excusadas que no saber ninguna.

Los cuidados del bueno son sencillos y los del malo, tortuosos.

Lo que no se encuentra cuando se busca, aparece muchas veces cuando no se busca.

Queda más apocado el que es alabado de manera fría que el que es reprendido ásperamente.

No se puede formar una opinión exacta de los jóvenes.

Quien teme más los peligros es aquel que tiene más experiencia.

El tiempo logra que las desgracias sean llevaderas.

La pobreza sería más llevadera si no trajese deshonra consigo.

La buena obra pierde tanto de valor como tuvo de tardanza.

El que quiere tarde no quiere.

Aquel a quien luego de la fortuna le queda alguna cosa está más seguro contra ella.

Deber a quien no querrías deber es trabajo.

Mucho más se teme lo que sucede más veces.

En tanto el poder tiene la razón en cuanto se encuentra libre de pasión.

Lo que se da sin pensarlo no se da como debe darse.

El que acepta ser vencido en beneficios es apocado.

La pérdida que se produce por negligencia es torpe.

En el anciano no saber más de lo que lee es una vergüenza.

No sabe hablar el que no puede callar.

Las palabras de que las que se hace uso se transforman en voluntad.

De manera que perdonar tanto a todos como a ninguno es crueldad.

En tanto debe aprenderse en cuanto no se sabe y al tiempo que se vive.

Las tierras fértiles producen seres humanos afortunados.

Se muere en todas partes.

Es cobardía uno y otro: querer morir y no querer.

A los que no tienen vista se les oculta mucha parte de la verdad.

Tenemos vergüenza de ser sanados con medicina vergonzosa.

Los ímpetus iniciales del vencedor son frenéticos.

La osadía es vencedora de leyes.

La avaricia engendra espíritus afeminados.

El amor de mujer casta es eterno.

Refiéranse las pasiones ligeras, y las demasiado grandes no pueden referirse.

Todos los que sienten temor son crédulos.

Da la vida por pasada si quieres no esperar ni temer.

El menosprecio se padece de peor manera que el cautiverio.

Los deseos de nuestro cuerpo son muy pequeños.

Lo mucho es poco para nuestra avaricia, y lo poco es mucho para nuestra necesidad.

Lo que le puede suceder a uno, le puede suceder a todos.

Aquel que se aviene bien con la pobreza se puede tener por rico.

El desconsuelo de nuestros enemigos nos induce a tenerles un poco más de amor.

Los ánimos humildes no son adecuados para gobernar.

De alguna manera, los últimos males nos hacen descansar.

Debemos desechar los grandes pensamientos en algunas ocasiones y seguir los que nos inspiran las circunstancias.

La muerte tiene todo lo que queda atrás de nuestra edad.

En lo profundo no solo se encuentra lo poco, sino también lo peor.

El mudar de domicilio es propio de un ánimo enfermo.

Tener firmeza es demostración de un buen espíritu.

A nuestra salud nada la ofende tanto como el cambio de medicamentos.

El árbol que se trasplanta muchas veces nunca crece.

No hay ninguna cosa tan útil que se aproveche después de pasada.

Debemos consultar todo con el amigo; sin embargo, debemos primero consultar que lo es.

Después de tomado un amigo se le debe dar crédito, pero se le debe juzgar antes de tomarle.

No existe ningún bien que nos pueda deleitar si no lo comunicamos.

El camino de los preceptos para alcanzar la sabiduría es muy largo; el de los ejemplos, corto.

Aprendemos cuando enseñamos.

Nos debemos poner a algún hombre virtuoso por modelo y pensar que asiste a nuestras obras continuamente.

El que ama excesivamente a su cuerpo tiene por bajeza todo lo honesto.

El hombre sabio jamás provoca la furia del hombre más poderoso; por el contrario, trata de evitarla.

En muchas personas obtener riquezas no fue el final de trabajos, sino cambio de ellos.

Es preferible terminar una vez que ser atormentado muchas.

Si conociésemos el poco trabajo que hay en ser pobres, con más seguridad seríamos ricos.

Siempre, el sabio debe andar por un camino, pero no a un paso.

Se le puede dar el nombre de grande al que es pobre en las riquezas.

En lo que se presume ser bueno difícilmente se tiene templanza.

La condición del bueno es segura.

El sabio debe apartarse de la vida, no escapar de ella.

Incluso los hombres muy cobardes hablan con valentía.

Aquel que aconseja que se piense en la muerte, aconseja la libertad.

A algunas personas les es suficiente con mostrar la solución, a otras es necesario buscarla.

En cualquier lugar se puede vivir de manera virtuosa.

No existe ningún virtuoso que puede pacificar al pueblo.

Aún está por descubrirse mucha parte de la verdad.

Todo ser humano se somete a la doctrina de sus connaturales.

Podemos derrotar las pasiones, aunque no podamos evitarlas.

Menospreciar las grandezas es de un espíritu grande y desear antes la medianía que la magnificencia.

Cuando los vicios se transforman en hábitos no queda ninguna esperanza de remedio.

Entre muchos, la buena conciencia está segura; la mala se teme, incluso estando sola.

Del único testigo que deberíamos hacer caso es de nosotros mismos.

Aquel que es inclinado a la virtud por naturaleza se puede llamar noble.

Nunca debe menospreciarse la riqueza de alguno cuando quien la menosprecia puede bajar de ella.

Dejar ciertos asuntos antes que desatarlos es un acto de más sutileza.

Siempre persevera la virtud que se ejercita durante mucho tiempo.

Forcemos a nuestra alma a que comience a vivir bien,

que después son suficientes pequeños remedios.

Se debe escoger un buen domicilio, útil no únicamente para el cuerpo, sino también para los bueno hábitos.

A los que derrotan con armas, son derrotados por los vicios en muchas ocasiones.

Aunque parezcan presentes, algunos están ausentes.

El camino del que se duda es más seguro.

La fortuna no puede quitar lo que no dio.

No únicamente nos intranquiliza el golpe, sino también el sonido.

Es rico durante poco tiempo el rico que lo es sin tenerlo en cuenta

El enfermo no quiere un médico elocuente, sino que lo cure.

No hay ninguna maldad tan grande que no tenga claros ejemplos.

La verdad lo es en la totalidad de sus partes.

Nació para pocos el que solo es útil a las personas de su época.

Aquella persona que realmente quiere ser buena, lo va a ser.

Las riquezas no se alaban porque se ambicionan, sino que se ambicionan porque se alaban.

Muchos hombres dejan de pecar menos por voluntad que por vergüenza.

Incluso los deleites son penosos cuando se disfrutan sin ninguna moderación.

Lo que no puede evitarse se previene inútilmente.

Importa poco que seamos acreedores de los hombres o de la fortuna, ya que lo uno y lo otro no nos pertenece.

Saber querer más de lo necesario es una parte de intemperancia.

Trata de no saber más que los otros en tus estudios, sino saberlo de mejor manera.

Imperar no es reino, es oficio.

Aquel que se contenta con lo necesario, ya se tiene por humilde.

Existe bastante diferencia entre no saber pecar y no querer.

Las cosas que se restauran se deshacen en menos tiempo.

A pesar de que la edad de algunos fue imperfecta, su existencia fue perfecta.

El espacio más grande de la vida es vivir hasta conocer.

Incluso cuando guarda silencio, siempre podremos aprender del hombre eminente.

Nunca conocerás cuándo te es útil el sabio, y cuando te haya sido útil lo conocerás.

Así, una parte de la virtud consiste en la práctica y otra en la teoría.

A leves vicios, bastan remedios pequeños.

Jamás se tiene un solo vicio.

El castigo es la propia maldad.

Aquel al que llamamos muerto no murió, sino que se marchó antes.

Cuando no hay testigos nos duele menos la desgracia.

Debemos juzgar una nueva vida cada día.

En los grandes seres humanos, la memoria no es menos beneficiosa que la presencia.

Los buenos son útiles a los buenos, y un malvado perjudica a otro malvado.

La hacienda que se adquiere se conserva con mayor angustia.

Quien nos promete grandezas nos da trabajos.

Lo que antes se estimaba mucho se tiene en poco luego de alcanzado.

Todos ambicionan la riqueza; y el motivo es porque comienza a poder más aquel que más tiene.

Todo lo que se lleva a cabo por arte es más incierto y desigual que lo que reparte la naturaleza.

Cuando el médico le aconseja intemperancia, no le queda esperanza de salud al enfermo.

Solo puede haber vicio en el lugar que puede haber virtud.

No hay persona más infeliz que la que jamás probó la adversidad.

Aquel que venció los peligros en más ocasiones es quien menos les teme.

En todo hombre es natural la piedad; pero en el príncipe es más bella.

El rey no está seguro donde no hay ninguna cosa segura del rey.

La vida es muy amable cuando todos la desean.

Se comete más veces lo que se castiga más veces.

De esta manera, muchos castigos deshonran al príncipe, como muchas muertes al doctor.

La naturaleza humana sufre menos violencia que imitación.

Se vive más por imitación que por razón.

Nuestro acertar no va en más que en no imitar al pueblo.

Es igual la cantidad de aduladores que la de envidiosos.

La virtud no provoca arrepentimiento ni hastío.

El deleite no es motivo ni premio de virtud, sino accesorio en su propio beneficio.

El sabio no tiene apego a las riquezas, sin embargo, las querría tener antes que dejar de tenerlas.

El buen capitán no debe confiar tanto en la paz que no se ejercite para los tiempos de guerra.

El que se encuentra en el campo de batalla no hace únicamente la guerra.

Si la obra es buena, el autor jamás nos avergüenza.

La avaricia solo es loable del tiempo.

La vida es larga si te sabes aprovechar de ella.

Nos faltarán antes lágrimas que motivos para derramarlas.

El hombre magnánimo tiene por venganza haber podido vengarse.

Es vida lo que hay después de la muerte.

Hasta que ocurre el eclipse nadie piensa en contemplar el sol.

Lo nuevo tienta más a la admiración que lo grande.

En Dios no existe nada fuera del alma: Dios es inteligencia absoluta.

Hay dos cosas que convierten al hombre, que es el más débil de los animales, en el más fuerte: la sociabilidad y la razón.

El hombre ha sido criado como un ser sociable para que contribuya con el bienestar de la sociedad.

El despreciar la vida no es valentía, sino el enfrentarla sin dar pasos hacia atrás.

Trabajo es iniciar la vida cuando ella se termina.

Querer vivir es muchas veces un acto de valentía.

Una sola base tiene moral y medicina: el reconocimiento de la naturaleza del hombre.

Ya que no sabes dónde te espera la muerte, espérala tú en cualquier lugar.

Es más deseable una muerte herniosa que una vida larga.

La vida decrece creciendo.

Abandonar la vida no es morir, sino terminar de morir.

La muerte solo es el final de un camino emprendido hace tiempo.

Nadie pudo vivir para nuestra gloria, no pudiendo ser nuestro lo que antes fue de nosotros.

No hay nada tan vil como ser arrogante con el humilde.

Una sentencia dictada sobre el juicio de una sola de las partes podrá ser justa, pero no así el juez que la dicta.

En ocasiones, la mucha cuantía del mal es su propio pretexto: glorificamos al pueblo que somete a otro, castigamos al hombre que violenta a otro.

La guerra es la herencia que, más frecuentemente, los padres transmiten a sus hijos.

Es imposible que le pueda faltar lugar a la virtud.

La virtud se debe honrar en cualquier lugar donde se encuentre.

La virtud está en hacer beneficios que no se han de corresponder realmente.

La virtud no provoca arrepentimiento ni hastío.

La virtud es el arma más poderosa.

La virtud siempre ambiciona los peligros.

La virtud es un don de la Divinidad, no es fruto de la naturaleza ni tampoco de la ciencia.

Nacemos sin la virtud, pero sí para ella.

Sin Dios no existe ningún hombre virtuoso.

De manera que la virtud es un arte que se debe aprender por principios.

La virtud forma al ser humano.

La razón recta, el alma justa, la sabiduría y la virtud son los cuatros puntos cardinales de la auténtica nobleza.

Menospreciar las riquezas es el camino más corto para enriquecerse.

Quien vive de acuerdo con la naturaleza nunca es pobre, ni tampoco es rico quien lo hace de acuerdo con las opiniones.

Es necesaria un alma fuerte para sostener el peso de la abundancia.

He aquí en qué consiste ser realmente rico: ni muy lejos ni muy cerca de la pobreza.

Aquel que desprecia la fortuna es feliz.

La riqueza nos privaba habitualmente del sabor de las mejores cosas.

El oro ha hecho que cambiemos la utilidad de las cosas por su beneficio.

La ambición nos ciega de tal forma que hace que maldigamos la pobreza, que es lo que nos debiera ser más deseable.

Vive pobre, o como si lo fueses, si deseas cultivar tu alma.

Ama la pobreza, aunque sea porque ella te muestra a los que realmente te aman.

Ser rico es acomodarse con la pobreza.

No es pobre el hombre que posee poco, sino el que desea mucho.

Aquel que solo quiere lo preciso tiene todo lo que quiere.

El placer siempre se aleja de quien lo busca insistentemente.

El ánimo de quien se deleita con cosas terrenas es pequeño.

Siempre, para el libertino el placer se halla donde él no se encuentra.

Huye de los que dan mal ejemplo si deseas vivir libre de vicios.

Los vicios de los hombres son propios, no de las épocas que viven.

El sabio enmienda su vicio por el vicio ajeno.

El vicioso se emplea únicamente en un trabajo: en el de su perdición y ruina.

Para los perversos no hay noche ni día sin tormenta.

La muerte es buena si nos ayuda a conservar la libertad.

Es más difícil el conocimiento propio que el ajeno.

Absolutamente todo depende de la opinión.

Aunque se nazca poco, siempre será para más que para convertirse en un esclavo carnal.

La buena conciencia es la verdadera tranquilidad.

Ni cuando duerme, el alma del malvado está en paz.

De la conciencia limpia del sabio proviene su permanente alegría.

La mala conciencia se perturba hasta en la soledad; en cambio, la buena acepta testigos.

La razón es la imitación de la naturaleza.

Deja de temer si deseas esperar.

El temor se pinta en la cara.

Un dolor inmenso jamás es largo.

Cuidarse de tener enemigos es de tanta prudencia como tener muchos amigos.

Quien quiera ser amado, ame.

Cuando la injuria no te dé enemigos, te los dará la envidia.

El peor enemigo es el oculto.

Quien se ama mucho a sí mismo también ama a los demás.

Pocas personas tienen el valor de decirse siempre la verdad.

Quien escucha las alabanzas, se halaga a sí mismo.

No hay nada que nos sea tan grato como aquello que nos concierne.

Quien se estima mucho puede juzgarse mal.

Jamás es tarde para aprender algo nuevo.

Quien no hace el bien no peca más que quien no corresponde al que recibe.

El único bien del ser humano es la verdad.

Para cualquier cosa es necesaria la experiencia.

No hay conocimiento seguro sin experiencia.

Aunque no vivas como enseñas, enseña cómo se debe vivir.

Las costumbres de los filósofos no siempre van hermanadas con sus preceptos.

Si deseas empaparte bien de lo que lees, no leas en exceso.

Viajar hace que conozcas muchos hombres, pero muy pocos amigos.

Igual que los alimentos del cuerpo, los del espíritu deben digerirse si se quiere que sean de provecho.

Lee solamente los libros que son generalmente apreciados.

Como los muchos alimentos, los muchos libros debilitan en lugar de ser beneficiosos.

No es necesario poseer muchos libros, sino poseer los mejores.

Nunca des ningún consejo a quien no te lo esté pidiendo.

Donde existe una persona, hay oportunidad de realizar un beneficio.

La beneficencia es entregar placer y también recibirlo.

No hay día largo para el hombre ocupado.

En tu mano no está ser rico, pero sí el ser dichoso.

El virtuoso es el único que logra ser rico y feliz al mismo tiempo.

Quien realmente se proponga ser bueno, lo será.

He aquí los escalones y columnas de la verdadera felicidad: alegría, prudencia, constancia y serenidad.

El juicio se trastorna cuando la paciencia es ofendida muchas veces.

Quien siempre espera el mal, mejor lo sufre.

Si se compara, ninguno es infeliz.

Es desdichado el que se considera como tal.

La avaricia arrebata a los otros lo que a sí misma se niega.

Aquel que asiste a una persona agonizante con la esperanza de recibir su herencia, solo es un buitre que está volando alrededor de un cadáver.

Si el sabio ofende debe ser suficiente con su arrepentimiento; con el necio la venganza es peor que la ofensa.

El descanso sin el estudio es muerte y sepulcro del ser humano.

La calma excesiva en el ocio es pereza, no descanso.

No hay nada que afemine tanto como el ocio.

Igual que a las agujas, al cuerpo lo corrompe la tranquilidad.

Al trabajador le es tan difícil ser pobre, como al ocioso ser rico.

Morir en vida es vivir ocioso.

LVCII ANNEI
SENECAE DE VITA
beata ad Gallionem fratrem,

LIBER VNVS.

CAPVT I.

IVERE, Gallio fra
ter, omnes beatè vo-
lūt, sed ad peruiden-
dū quid sit, quod bea
tā vitam efficiat, cali-
gant. Adeocȝ non est
facile consequi Beatā
vitā, vt ab ea quiscȝ
eo longius recedat,
quo ad illam concita

tius fertur. Si via lapsus est, quæ in contrarium
ducit, ipsa velocitas maioris interualli causa sit.
Proponendum est itacȝ primūm, quid sit quod
appetamus. Tunc circumspiciendum est, quà cō-
tēdere illò celerrimè possimus, intellecturi in ipso
itinere, si modo rectum erit, quantum quotidie
proficiamus, quantocȝ propius ab eo simus, ad
quod nos cupiditas naturalis impellit. Quandiu
quidem passim vagamur, non ducem secuti, sed
fremitum & clamorem dissonum in diuersa vo-
cantium conteritur vita inter errores, breuis, etiā
si dies noctesȝ bonæ mentis laboremus. Decer-
natur itacȝ & quò tendamus, & quà, non sine pe-

A   ꝛ rito

Página del diálogo "De la felicidad". Edición de 1543, publicada por Antonio Constantino.

Principios filosóficos

La filosofía

¿Ustedes quieren saber cuál es la ocupación de la filosofía? Aconsejar a los seres humanos.

Este hombre se ve atormentado por las riquezas que tiene o ambicionaba, el otro es perseguido por la pobreza; este otro les tiene miedo a los lazos de la prosperidad, aquel a las asechanzas de la fortuna hostil. El poderoso es perseguido por los dioses; el desvalido, por los hombres. Entonces, no se trata de bromas: infinitos desdichados los han invocado y ustedes han prometido auxiliarlos.

Al tiempo que el enfermo, el prisionero, el náufrago y el desvalido ven sus vidas amenazadas por los hachazos de la fatalidad, los altos magistrados conversan totalmente indiferentes. Pero ¿en qué están pensando? ¡A ustedes aquel espectáculo los divierte, a mí me aterroriza e inquieta!

¡Oh, hombre lleno de elocuencia, no importa quien seas, alivia la aflicción de los moribundos, atiende a la multitud que extiende los brazos hacia ti suplicando consuelo para sus zozobras de espíritu, para sus sufrimientos! Tú eres su único consuelo, su única esperanza. Ten en cuenta que los puedes sacar del abismo por donde se están precipitando. Ondean el estandarte de la verdad disgregados y errantes. Enséñales cómo separar lo necesario de lo superfluo. Asegúreles que las leyes de la Naturaleza se pueden aplicar con facilidad, que con ellas la existencia es sencilla y dulce, pero amarga e infeliz cuando la opinión de los demás es más importante para nosotros. Hazles saber que deben aprender de ti a desterrar sus pasiones, o por lo menos a moderarlas.

Está claro que no se procura corregir las faltas cuando se ignoran. Si comenzamos por descubrir el mal, ineludiblemente se va a pensar en la solución. La persona que alaba sus vicios, al considerarlos como virtudes, está bien alejada de pensar en dejarlos a un lado. Al vicio se le debe sorprender in fraganti, informar contra él, uno mismo ser el propio acusador primero, luego el juez, finalmente el defensor, y el sentenciador y castigador, si fuera necesario.

* * *

Así, la filosofía no es una ciencia de exhibición ni un arte popular. Su sustrato y contenido no está en las palabras, sino en las acciones. Su función, polo opuesto del curar el aburrimiento de la desidia y ayudar a pasar los días de manera agradable, es la de ser norma de la voluntad, espejo de las acciones, crisol educador de los espíritus, enseñanza del ser humano en lo que debe rechazar o realizar, guía y piloto de sí mismo para esquivar los escollos de la navegación por los océanos de la existencia. No existe seguridad alguna sin filosofía. La filosofía es la que puede proporcionar consejos y madurez de juicios para tantos contratiempos que los reclaman.

* * *

Un beneficio de la filosofía, entre muchos otros, y quizás el mayor de todos, es el de que jamás podamos arrepentirnos de sus reflexiones. No radican en hacer ostentación ni gala de discursos bien pulidos y de frases perfectamente construidas, ya que la fortaleza filosófica no puede ser quebrantada por ninguna tormenta. Con tal de que el espíritu sea tan armonioso como excelso y complacido de sí mismo, cualquier lenguaje es elevado, incluso corriendo el riesgo de desagradar y molestar al de los otros. El alma juzga de sus avances por su propio comportamiento, debido a que, con no desear nada y con no tenerle miedo a nada, nos ofrece toda su ciencia.

* * *

Vamos a fijarnos en que, si nuestra filosofía nos ha franqueado el acceso al comercio del mundo entero entregándonos el universo por patria, en lugar de encerrarnos dentro de una sola ciudad, ha sido con el objetivo de que nuestra virtud tuviese un radio de acción más amplio. ¿Que se destierran arengas de tribunas y asambleas vehementes? ¿Que se cierran los tribunales? Al contrario, una inmensidad de regiones nos acoge y ampara, así como está pronta a favorecernos una multitud compacta de pueblos. Tan grande como sea la parte de la tierra que se nos prohíba, de mayor amplitud resulta aquella en la que tenemos cobijo.

* * *

También la filosofía es autoritaria. Ella impone la hora en que se debe mostrar, no la que otros deseen. No acepta ocupar un lugar secundario, sino el que es apropiado a su objeto, soberano y esencial. Tan pronto como surge, necesita que la obedezcan. Las personas que habitaban una ciudad ofrecieron a Alejandro la mitad de sus bienes y una parte de su territorio. Él les dijo: «No vine al Asia con el fin de recibir lo que me dan, sino para dejar lo que tenga a bien en poder de ustedes». Como Alejandro, la filosofía nos dice: «No pretendo encargarme del tiempo que les sobre a ustedes. Confórmense con el que yo les quiero señalar».

* * *

¿Por qué razón no podemos reconocer nuestros vicios de inmediato? Por el hecho de que los tenemos. Para contar cuál ha sido nuestro sueño necesitamos estar despiertos, así como para confesar los vicios debemos estar curados de ellos. Entonces, si queremos condenar nuestros errores, despertémonos. La filosofía es las que nos va a despertar, ya que logrará por sí misma disipar nuestro letárgico sueño.

¿Para qué sirve esconderse, evitar la presencia de los otros y esquivar el trato con las personas? La conciencia sin recriminación pide testigos; la de mala condición temblará como un sobresaltado dentro de un desierto. ¿Por qué tenemos que esconder nuestras acciones si son honrosas? Y si no lo son, ¿qué importancia tiene que las ignoren? Si la desgracia es para nosotros, porque nosotros la conocemos, ¿cómo podremos soportar nuestros propios testimonios?

* * *

Nosotros somos el verdadero juez de nuestras acciones, no es el pueblo. Con hombres corrompidos solo se intima estando en contacto con la corrupción. Entonces, ¿qué beneficio puede suministrar esta filosofía tan elogiada, este arte más grande que todas las artes? Nada menos que la ventaja de pisar con sus pies el miedo a los hombres y a los dioses, de derrotar al dolor o de saber ponerle fin, de preferir su sentencia a la de otro, de pesar los sufragios en vez de contarlos.

* * *

La sabiduría que se adquiere es permanente. La virtud no se desarraiga de esta. El vicio es una planta exótica que muere fácilmente dentro del alma, pero la virtud se despliega en campo abonado y fructifica lentamente. Se encuentra en el orden de la naturaleza. El vicio es su enemigo.

* * *

No deduzcan que sus progresos son consecuencia directa de sus discursos y sus escritos cuando la filosofía penetre en lo recóndito de sus corazones. Así, la firmeza en la voluntad y la disminución en los deseos lo son todo. Vamos a establecer nuestros preceptos con las acciones. No sirven de nada los aplausos a los discursos de una asamblea o la atención de jóvenes ociosos al brillo y variedad de las declamaciones. La filosofía enseña a hacer, no a hablar. Establece o exige que cada cual se ajuste a sus normas, que los discursos no sean desmentidos por las acciones y que, sin disconformidad, el coro mundano guarde el mismo tono. En poner al unísono el lenguaje con la conducta y presentar al ser humano como un conjunto armonioso está el mayor esfuerzo y la mayor prueba de sabiduría. Pero ¿quién lo podrá lograr? Pocas personas, pero, sin duda, algunas con trabajo. ¿No tengo advertido también que el sabio siempre va a caminar al mismo paso y compás, pero que él siempre seguiría el mismo camino?

Vamos a resguardarnos por todas partes y desconfiemos, además, de incitar la admiración o el desprecio. Que la filosofía sea nuestro refugio. Esta es un sacerdocio muy respetado por las personas honradas y por quienes solo son malvados a medias. La oratoria del foro, las otras mentalidades instruidas para conmover al pueblo, engendran muchas rivalidades. La filosofía no le tiene temor al desprecio en el regazo de la tranquilidad y el reposo, consagrada solo a su objeto: le rinden homenaje todas las artes y todos los hombres, hasta los malévolos. Jamás el vicio se va a mostrar tan fuerte, ni tan poderoso el aborrecimiento a la virtud como para no permitir a la filosofía que sea sagrada y venerable.

* * *

Retirémonos al refugio de la filosofía, tanto como nos sea posible: su seno nos será útil como escudo protector. En ese santuario vamos a estar resguardados de cualquier infortunio y seguros, o menos expuestos, ya que solo se choca de forma violenta por entre la muchedumbre. En la filosofía no hagamos un alto y punto de parada. Es un acto de vanidad que ha costado muy caro a mucha gente. A pesar de que la sabiduría nos corrige, visiblemente se declara contraria a las costumbres públicas. Cuando se observa cuál es la trayectoria de su comportamiento, nos da la impresión de que no condena todo lo que no hace ella. Sin luminarias ni antorchas resplandecientes de destellos y claridad y sin enemistarse con nadie se puede ser sabio.

295

L. ANNÆI SENECÆ
AD SERENVM DE
tranquillitate animi.
Liber vnus.

CAPVT I.

NOVRRENTI mihi in me, quædam vitia apparebant retecta, in aperto posita, quę manu prenderem; quædam obscuriora & in recessu, quę dam non continua, sed ex interuallis redeuntia; quæ vel molestissima dixerim: vt hostes vagos, & ex occasionibus assilientes, per quos neutrum licet, nec tanquam in bello paratum esse, nec tanquam in pace securum. Illum tamen habitum in me maximè deprehendo (quare enm non verú vt medico fatear?) me, nec bona fide liberatum iis quæ timebam & oderam, nec rursus obnoxium: In statu vt non pessimo, ita maximè querulo & moroso possius sum: Nec ægroto, nec valeo. Non est quod dicas omnium virtutú tenera esse principia, tempore ipsis duramentum & robur accedere. Non ignoro, etiã quæ in speciem laborant, dignitatem dico, & eloquétiæ famam, & quicquid ad alienú suffragium venit, mora conualescere. Et quæ veras vires parãt, & quæ ad placendú fuco quodã subornantur, expectant annos, donec paulatim colorē diuturnitas ducat. Sed ego vereor, ne cõsuetudo, quę rebus affert constantiam, hoc vitium in me altius

n. ij.

Página del diálogo "De la tranquilidad del alma".
Edición de 1594, publicada por Jean Le Preux.

EL ALMA LLENA DE VIRTUD

Encerrada en su prisión tenebrosa, nuestra alma, con toda su potencia, se remonta hacia el firmamento y se infiltra en el seno de la naturaleza. El amante de la sabiduría y el sabio quedan oprimidos y encadenados por el cuerpo; pero la parte más noble de aquellos hombres se desprende en ocasiones de lo corpóreo y se eleva hasta los dominios etéreos con el pensamiento.

* * *

Nuestra felicidad no se debe cimentar sobre la belleza y la fuerza del cuerpo, ya que estas se truncan cuando pasan los años. Los seres humanos necesitamos un bien que jamás se degenere y quebrante: un bien superior a todos los otros bienes, invencible frente a todas las dificultades. Pero ¿cuál será? La respuesta es nuestra alma; pero un alma virtuosa, rectilínea, derecha e inmensa. Tal alma o espíritu es la emanación de Dios dentro de un cuerpo humano, que puede ser propiedad de un caballero romano, de un liberto, de un esclavo.

¡Mortales!, he aquí una materia que ustedes sondean y combaten; un punto sobre el que se apoyan imperios siempre imperceptibles, en el mismo momento que el mar océano les baña de un lado a otro. Es sobre sus cabezas donde se necesita buscar esos espacios enormes, cuya posesión únicamente está reservada para los espíritus, y en especial para los que se encuentran purificados de cualquier impureza, carentes de toda mezcla con la materia terrena, y muy libres de cuidados y ligeros para elevarse a una altura tan asombrosa.

* * *

Cuando las ramas de una viña están cargadas de racimos y sus tutores caen por el peso, los admiramos y la preferimos a estos otros árboles de frutos y hojas de oro. ¿Cuál es la razón de ello? El que el mérito principal en una viña es la fertilidad. Entonces, dentro del ser humano alabemos, además, lo que esencialmente le pertenece. Posee un rico y ostentoso palacio, hermosos esclavos, rentas cuantiosas, cosechas abundantes... Todo esto se encuentra a su alrededor, no en él. Reserven sus elogios para los bienes que no pueden ser cedidos o arrebatados, es decir, para su alma, y para la sabiduría que está dentro de ella.

* * *

El manantial de nuestras ilusiones y de nuestras equivocaciones nace de juzgar constantemente al hombre no como es él mismo: le juzgamos siempre con los ornamentos de los que está recubierto. Cuando quieran conocer las proporciones verdaderas y la justa medida de un hombre, mírenlo desnudo, al despojarse de todas las ilusiones de la fortuna, de su patrimonio, de sus dignidades, y cuando se despoje de su propio cuerpo. Únicamente es conveniente examinar su alma, sus dimensiones efectivas y reales, con el fin de no confundirse con las características que no le pertenezcan de manera exclusiva.

* * *

Te sonrojarás de tener todavía los proyectos y caprichos de tu niñez si reflexionas sobre tu edad. Haz que tus vicios mueran antes de morir tú. Renuncia a los placeres turbulentos, que cuestan muy caro y que causan mucho daño, tanto antes como después de haberlos disfrutado. Del mismo modo que el miedo y el desasosiego no acaban con el crimen, incluso cometido en secreto, de esa manera los placeres inconscientes pasan y el arrepentimiento persiste. No poseen consistencia ni solidez, y se desvanecen por sí solos cuando no perjudican. Más que nada pretende y busca una felicidad durable, porque, si el alma no la obtiene por sí misma, no la vas a tener. Solo la virtud produce una constante y pura alegría. Si surgen dificultades, como nubes que se formaran sobre aquella, jamás eclipsan su luz brillante.

* * *

Con tal de que siempre dentro de mi alma no exista rendija para el disturbio, motivo de discordia entre el deseo y el miedo, excusa de divergencia entre la avaricia y el despilfarro, origen de combates entre tantos distintos egoísmos, todo el cielo puede retumbar ensordecedor a mi alrededor. En toda la comarca reina un silencio sepulcral. Si mis pasiones gritan de manera turbulenta, ¿qué puede importarme? Le echaremos la culpa al poeta cuando diga que la naturaleza ha extendido la serenidad por toda la naturaleza. Mientras que la razón no la fructifique, no habrá calma.

* * *

El ser humano se encuentra en perfecta igualdad con los dioses; su propensión es elevarse hacia los cielos altos, de los cuales tuvo que salir y bajar. Por los tenaces esfuerzos que haga con la finalidad de volver al punto de origen no debemos criticarlo ni hacerle reproches. ¿Quién nos va a impedir reconocer una esencia divina dentro de lo corporal humano como parte que integra la divinidad? Esta inmensa masa, en la cual nos encontramos comprendidos, se mezcla, confunde e integra con Dios, de quien somos miembros y compañeros. Es que nuestra alma es tan amplia para contenerlos, que su vuelo se podría elevar al firmamento si no la retuvieran en la tierra los vicios. Dotando al ser humano de una talla erguida y derecha, un rostro susceptible de mirar al cielo, la naturaleza le ha proporcionado también un alma capaz de poder extenderse sin ningún límite, de pretender aproximarse a la divinidad, de usar sus fuerzas como ella, de ocupar todo el espacio del que requiere para conseguir todo eso. Si para elevarse necesitara una virtud extraña, el ir al cielo le resultaría insufrible; pero, realmente, no hace otra cosa que volver allí. Una vez hallada la ruta, regresa con tal seguridad que desprecia cualquier cosa que le sale al encuentro, y lo único que hace es lanzar una mirada de desprecio al oro, a la plata, a los metales dignos de las tinieblas de donde los había escondido la naturaleza. Ese frívolo resplandor que ciega los ojos de los hombres ignorantes no puede apreciarse en nada sabiéndose que esas riquezas han sido encontradas en el fango, donde nuestra avaricia, al desenterrarlas, las sacó de la oscuridad y les limpió el lodo. También el hombre sabe que tal tesoro reside, por otro lado, en los lugares en que se deposita; que no son las arcas de caudales, sino el alma la que lo recibe realmente. Es que solo a ella se la reviste de autoridad universal, y debido a esto debe quedar en posesión de la naturaleza, considerándola como un bien del cual es dueña. El Oriente y el Occidente le sirven de límites. Se asemeja a los dioses porque posee todo. Desde su elevación de miras y altura siente desprecio por los opulentos con todas sus riquezas, ya que ninguno es tan dichoso con lo que tiene como el infeliz con sus carencias.

* * *

¡Qué belleza descubriríamos en el alma de un hombre de bien si nos pudiéramos adentrar en ella! Observaríamos que la majestad se une a la tranquilidad. Veríamos que está enaltecida y alumbrada por la sensatez, la justicia, la templanza y la fuerza. Encontraríamos en ella la cortesía, la mesura, la frugalidad, la comodidad, la indulgencia y hasta la humanidad que, al contrario de lo que se debía suponer, se encuentra tan contadas veces en el hombre. ¡Cómo se revisten de autoridad y resplandor el buen gusto, la previsión, la elegancia y la magnificencia del alma en dulce asociación! Es que absolutamente nada podría ser tan amable como lo que es digno de devoción. ¿Quién no se ve obligado, ante la presencia de una fisonomía más augusta y radiante que las caras humanas, a detenerse respetuosamente, como si hubiera descubierto un dios, y dirigirle votos personales e íntimos? Acercándonos todavía más e impulsados por la bondad de su rostro, ¿no intentaremos ofrecerle plegarias y adorarle? Luego de haberle contemplado de una manera tan larga, aceptando que se trata de un ser tan elevado por encima del nivel común, un ser cuyas miradas están impregnadas de vivacidad y ternura al mismo tiempo, cómo no pronunciar las palabras de Virgilio: "Virgen sagrada, ¿con qué nombre te vamos a invocar?... Tu voz no es la de los mortales, tus facciones no son las humanas... ¡Oh, misteriosa, sé bendita y consuélanos en nuestras tristezas y sufrimientos!".

* * *

A este hombre, colmado de virtudes y perfecciones, jamás le ha gustado la riqueza. Jamás se ha afligido por las eventualidades de la vida. Siempre se ha considerado un soldado y un ciudadano del universo, cuyos trabajos y tristezas son únicamente una prolongación de todos sus deberes. Cuando le sucedió cualquier desgracia la vio como un mandato que se le hacía y nunca como un mal o como un defecto de la eventualidad. Dice: «Esta orden es para mí. Es rigurosa y dura, pero es obligatorio cumplirla». Estamos forzados, necesariamente, a buscar el ser humano extraordinario a quien no le arranquen sollozos las tribulaciones, quien jamás se queje de su suerte, quien siempre se haga notar como una antorcha en la oscuridad, quien atraiga las miradas de los demás por su dulzura, serenidad y equidad cuando practica todos sus deberes para con los hombres y para con los dioses. Que su alma se encuentre adornada de toda la perfección de la que sea capaz, viendo únicamente sobre ella la inteligencia divina, cuya emanación haya sido traspasada a la suya. Nunca nuestra alma se muestra más divina que cuando llama al ser humano a su condición mortal y le convence de que nació para morir.

Es que el espíritu es tan altivo como grande; no acepta otras restricciones que las que le señala la divinidad. No reconoce como su patria a ningún lugar específico, ni Alejandría ni Éfeso ni ninguna otra ciudad más poblada y rica. Solamente reconoce por su patria a esta bóveda etérea que abraza toda la inmensidad del universo; esta concavidad dilatada por el centro de la cual se extienden las tierras, los mares, el aire que reúne y separa la tierra y el cielo, y por cuyo perímetro tantas divinidades, puestas en lugares adecuados, desempeñan sus serias ocupaciones de manera incansable.

* * *

En la guarda nocturna que cuida el sueño del príncipe está la relación de los hombres. Forman una muralla humana alrededor de su persona, como un muro interpuesto entre el peligro y él. La manera como las ciudades y los pueblos acordaron amar y proteger a sus reyes, sacrificar personas y bienes, todas las veces que las circunstancias lo exijan, no es sin una razón justificada. No es por bajeza, o por locura, el que tantos millares de almas se expongan por una sola, el que una sola vida sea rescatada por tantas muertes, en algunas ocasiones la de un anciano moribundo. El cuerpo se encuentra al servicio del alma, y a pesar de que prevalece para la apariencia y la masa, en tanto que la sustancia inmaterial del alma queda escondida en un lugar que no se conoce, sin embargo, los ojos, las manos y los pies trabajan siempre para ella. La manera como esta epidermis extiende su envoltura es por ella. Es por su mandato por el que corremos de un lado a otro y como gustamos del descanso. Es por su ascendencia, siendo ansiosa, como surcamos los océanos para hacernos ricos. Nos seduce con la ambición con el fin de que empuñemos las antorchas y nos lancemos a los grandes combates de manera voluntaria. El alma se declara esta muchedumbre que es, por decirlo de alguna manera, la envoltura de una sola alma, gobernada por su sabiduría, gobernada por su inspiración, ya que las personas sucumbirían y morirían aplastadas con sus propias fuerzas si, por su parte, no cuidara la razón de su gobernante.

* * *

Sición decía: ¿Ustedes no creen que las almas pasan incesantemente de un cuerpo a otro, y que lo que recibe el nombre de muerte es únicamente una metamorfosis? ¿No creen que almas que antes fueron humanas residen en estos animales salvajes, en estos rebaños, en estos habitantes de las aguas? ¿No creen que en el mundo nada muere, que los seres solo mudan de residencia, que los cuerpos celestes no son los únicos que tienen una revolución fija, sino que animales y almas recorren el mismo círculo? Esta fue la opinión de muchos hombres juiciosos y famosos. Supongan que el asunto es indeciso. La humanidad, de tener fundamento esto, querría que nos abstuviéramos de cazar los animales; pero de ser falsa la hipótesis, lo prescribiría la frugalidad. ¿Qué daño hago a su crueldad? Los que les quito son los manjares de buitres y leones.

Es que si los inmortales dioses, formados al mismo tiempo que el gran todo, jamás hubiesen aprendido la virtud, y si no formase parte de su esencia la bondad, también se encontrarían hombres dotados de un temperamento feliz, quienes, sin estudios largos, alcanzarían por sí mismos un estado que, comúnmente, es solo el resultado del trabajo, y que desde el primer momento que tuvieran presente la virtud, la interpretarían. Estas almas ambiciosas de virtud se fecundarían ellas mismas, por decirlo de alguna manera; sin embargo, las que son menos activas y más débiles, o que hubiesen estado en contacto con ejemplares contagiosos durante un largo tiempo, se han cubierto de tanta herrumbre que únicamente puede desaparecer con un frotamiento extenso. A los individuos anteriores los dogmas filosóficos los pueden llevar a la perfección de una manera más rápida y a los más débiles librarles de obstáculos el camino, desligándoles de sus opiniones corrompidas. Con el fin de que se convenzan de la necesidad de estos dogmas, consideren que dentro de nuestras almas existen principios que nos vuelven lentos para ciertas acciones, e imprudentes para otras. Esta pereza puede ser despertada y esta audacia contenida únicamente destruyendo sus causas: el falso miedo y la falsa admiración.

* * *

Así, el alma ennoblece las cosas más viles, incrementa el precio de las menores y rebaja las más grandes y preciadas a su verdadero nivel. Con respecto a los objetos de nuestros deseos, no son malos ni buenos por sí mismos: su valor se encuentra fijado por el alma que da su forma exacta a todas las cosas y que lo regula.

* * *

Para juzgar las cosas de importancia, sin que les atribuyamos vicios que provienen de nosotros, se necesita un alma muy grande. Debajo de la superficie del agua, los objetos más rectos reflejan en nuestra retina una imagen curva que da la impresión de que está doblada en dos partes. Se requiere considerar el objeto visto y, a la vez, la forma como se mira. Así es nuestra alma: solo a través de una niebla es que comprende la verdad.

* * *

La verdadera grandeza, ¿en qué consiste? En elevar las manos puras al cielo; en cerrar el alma a los pensamientos criminales; en jamás demandar más bienes que los que se puedan obtener sin que una persona los pierda o los dé; en no ansiar lo que se ansía sin rival, quiero decir, un alma llena de virtud; en contemplar los demás bienes, tan apreciados por los mortales, cuando nos los procura la misma suerte como destinados a irse por donde llegaron. Entonces, la verdadera grandeza, ¿en qué consiste? En elevarse por encima de la suerte con valentía; en recordar siempre que uno mismo es un ser humano, con la finalidad de saber, cuando sea desdichado, que solo lo será cuando se crea no serlo, y cuando sea feliz, que no lo será durante mucho tiempo.

* * *

Siempre, las almas grandes se elevan por encima de las ofensas. La forma más sorprendente de tomar venganza es la de no mancharse cuando lo haces. ¿Cuántas personas, al vengarse de una ofensa intrascendente, no hacen más que devolverla de un modo más marcado? Por decirlo de alguna manera, la persona noble y enérgica se asemeja a los perros de gran tamaño que, sin conmoverse, oyen los ladridos de los perritos falderos. Ustedes me dirán que se aconseja el desprecio con el fin de vengarse. Pues, en este caso, si el castigo es una solución es necesario utilizarlo sin rabia, no por su aprobación, sino por su utilidad, aunque frecuentemente, antes que vengarse, es preferible disimular.

* * *

No vayan corriendo a la tumba de su hijo. Ese sepulcro

únicamente encierra un despojo grosero que le pesaba en vida. Sus cenizas y huesos no son mayor parte que sus vestidos y su toga. Su hijo se fue todo entero sin dejar nada en el mundo. La totalidad de su ser se encuentra separada de ustedes. Se ha elevado hasta los cielos con el fin de igualarse con las almas dichosas, luego de algún tiempo de residencia por encima de nosotros, purificado de pecados y vicios inherentes a la naturaleza del hombre. Ha sido amparado allí dentro de la venerable asamblea de los Catones, los Escipiones, de estos héroes que compraron la libertad con una muerte voluntaria, despreciando la vida.

* * *

En su incesante curso, nuestra alma nunca descansa ni se detiene. Anda por todas partes, disgrega sus ideas por todos los lugares desconocidos o conocidos, siempre amante de lo nuevo, siempre errante, siempre enemiga del reposo. Si pensamos en su origen, no nos vamos a sorprender. Es la forma de la sustancia celeste pura, unida a un cuerpo terrestre y pesado, debido a que el movimiento perenne está con la esencia de los cuerpos celestes; son impulsados sin cesar a un esfuerzo impetuoso. Observen los astros que alumbran la tierra. No hay ninguno de ellos que permanezca en reposo. Son conducidos a través del espacio y ruedan de manera continua. A pesar de que se mueve con el universo, el sol retrocede llevando una dirección contraria a la de la tierra. Recorre de manera sucesiva toda la comitiva de los signos zodiacales. Siempre, su movimiento le lleva a nuevos puntos del cielo: de esta manera la totalidad de los orbes celestes, sometidos a una traslación y revolución eternas, no dejan de desplazarse, siguiendo el orden necesario y perpetuo. Y recomenzarán nuevamente su ruta primitiva, luego de haber recorrido sus órbitas completas durante un cierto número de años.

Entonces, se comprende que el alma humana, que está formada por los mismos elementos que los cuerpos celestes y divinos, busque eternamente las migraciones y el cambio, ya que el placer o la conservación misma de Dios está constituida por un cambio rápido y perenne.

* * *

La rabia nace de un aprecio excesivo de sí mismo, lo que le imprime una apariencia de nobleza; sin embargo, profundamente, es la más denigrante y vil de todas las pasiones. ¿Acaso el imaginarse despreciado por otro no es aceptar que se es inferior a él? En cambio, un alma grande, que sabe apreciar lo que ella vale, no toma venganza de ofensas y desprecios, porque estos no le producen ninguna sensación.

* * *

Del mismo modo que los cuerpos duros devuelven los golpes que reciben y de esa manera les causan heridas a la mano que les pega, igual ocurre con el alma del sabio, siempre más fuerte que la injuria, al no experimentar ninguna amargura por ello. ¡Cuán hermoso es el estar inmune a los insultos y a las ofensas! Vengarse es una forma de confesar el dolor que nos provocan: cuando nos doblegamos al peso de la ofensa, nos rebajamos nosotros mismos. Aquel que nos ofende o es más débil o es más fuerte; en este último caso, seamos indulgentes con nosotros mismos; y en el primero, seamos indulgentes con él.

Estar protegido de todos los accidentes capaces de conmovernos es la señal más incontrastable de fortaleza. El más armonioso de los cuatro elementos, el más alto, el más cercano a los astros, jamás estalla en tormentas ni se desencadena en huracanes ni se condensa en nubes; y, en cambio, el rayo se forma en la zona inferior de la tierra. Aquello es lo que le ocurre a un alma fuerte: siempre estable, siempre serena, ya que ahoga en sí misma todas las características de la ira y permanece impasible en un estado inmutable de moderación y de orden.

* * *

Lo mismo que las acciones de cada persona están de acuerdo con sus discursos, y el lenguaje y el estilo son la pintura de las costumbres públicas, sucede que cuando las costumbres de la sociedad están debilitadas y corrompidas, un lenguaje poco pulido es el signo de la corrupción pública, principalmente cuando este defecto merece la aprobación general y no se revela en una o dos personas. La única tintura que tiene el espíritu es la del alma: cuando es sana, contenida, grave y bien ponderada, el espíritu va a tener las mismas cualidades. ¿Acaso es viciosa? Va a experimentar el contagio. ¿No vemos que las extremidades se debilitan, que los pies se mueven con trabajo, cuando languidece el alma? La marcha del cuerpo anuncia su flojedad cuando el alma esta debilitada, y nos impone un paso más acelerado cuando es activa.

¿Está animada o delirando por la rabia que se parece tanto al delirio? Los movimientos del cuerpo, entonces, son desordenados y, más que caminar, es la rabia la que nos empuja. Así, este desorden se transmite con más fuerza en el espíritu, unido de manera íntima con el alma, que está modificado por ella, sometido a sus leyes y subordinado.

* * *

Y la virtud del sabio, ¿en qué consiste? En que, innegablemente, recibe golpes, sin embargo, los amortigua, resiste y sana. Con respecto a las heridas leves, ni las nota. Únicamente usa la virtud de la resignación para aguantar los sufrimientos profundos, a los cuales no les presta ninguna atención, si no es para menospreciarlos en son de burla. Aparte de esto, como la mayoría de las afrentas y de los insultos solo parten de hombres insolentes, orgullosos y que no saben utilizar la prosperidad, el sabio dispone de la más sublime de todas las virtudes con el fin de repeler ese orgullo: un alma elevada, un juicio sano, un espíritu recto. Ante su consideración, esas pequeñeces solo son fantasmas nocturnos carentes de realidad, sueños frívolos y vacíos.

* * *

La virtud es la única que conoce la moderación: no le son inherentes las enfermedades del alma, ya que las destruye con más facilidad que las modifica o mitiga. ¿Ustedes dudan de que estos vicios endurecidos y antiguos que reciben el nombre de enfermedades, como la rabia, la crueldad, la violencia, no sean desenfrenados? También las pasiones lo son, ya que nos las transmitimos de unos a otros. Asimismo, no permanecen más en nuestro poder a menos que reprimamos el poderío del miedo, el de la tristeza, el de la avaricia, el de otras inclinaciones corrompidas. ¿Cuál es la razón de ello? Que los motivos que las exaltan son externos al ser humano y, por ende, disminuyen o aumentan de acuerdo con la debilidad o la fuerza de las causas que los incitan. Así, el miedo aumentará cuando se miren casos de pánico más graves, más cercanos a nosotros; la avaricia se va a acrecentar cuando se vea iluminada por la esperanza de una recompensa más grande. Si el quedar exentos de pasiones no está en nosotros, obedece a que evitamos moderarlas de antemano. Crecerán si les dejamos el paso franco, y con ellas las causas que las originaron. Se fortalecerán rápidamente, por muy débiles que sean, debido a que el mal nunca se amolda a limitaciones exactas. En un comienzo, las enfermedades insignificantes no tienen, al parecer, ninguna importancia, sin embargo, muy pronto se agravan, y en ocasiones la más mínima recaída es suficiente para derrumbar un cuerpo que ya está enfermo. ¡Pensar que una cosa no depende de nosotros en su comienzo, sino en su final, es una auténtica locura! ¿Cómo yo voy a tener la suficiente fuerza para detener lo que no pude impedir que empezara? Es más difícil contener los vicios cuando se les ha permitido entrar que cerrarles la puerta desde el principio.

Estatua de Séneca en Córdoba, su ciudad natal, junto a la puerta de Almodóvar. Amadeo Ruiz Olmos, 1965.

Retrato de Séneca según modelo de la antigüedad
(pseudo-Séneca), por Lucas Vorsterman I, 1638.

Nerón y Séneca.
Eduardo Barrón González, 1904.

Busto imaginario de Séneca en mármol, siglo XVII.

Platón, Séneca, y Aristóteles en una
ilustración medieval, entre 1325 y 1335.

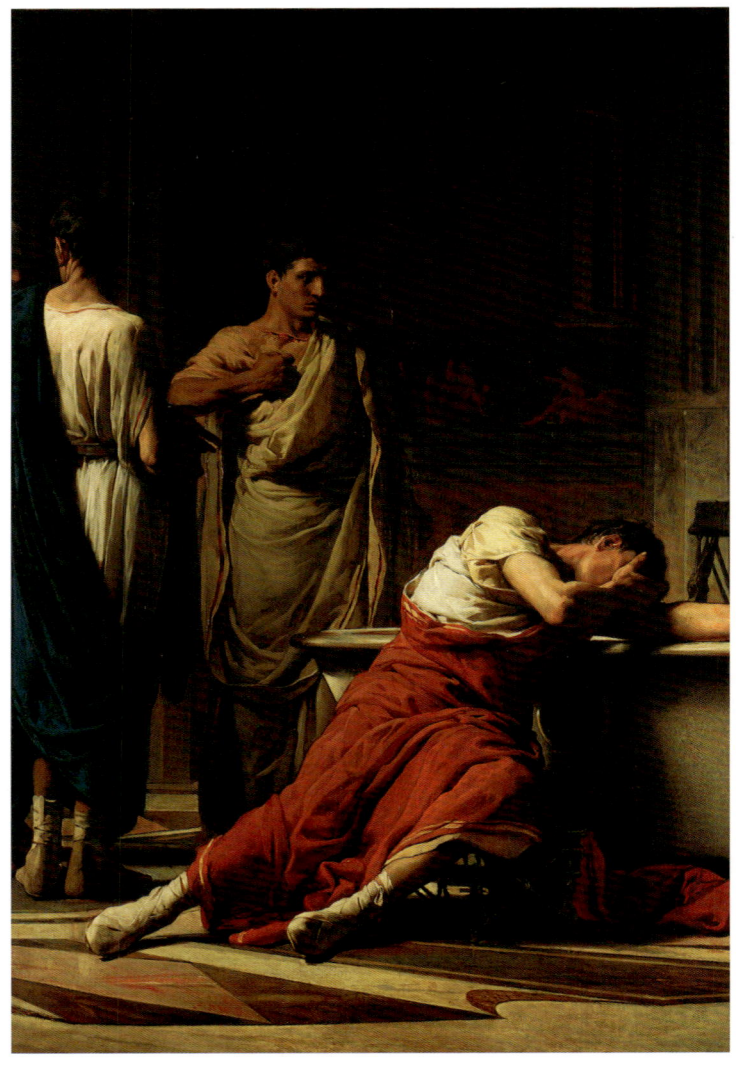

"El suicidio de Séneca", por
Manuel Domínguez Sánchez, 1871.

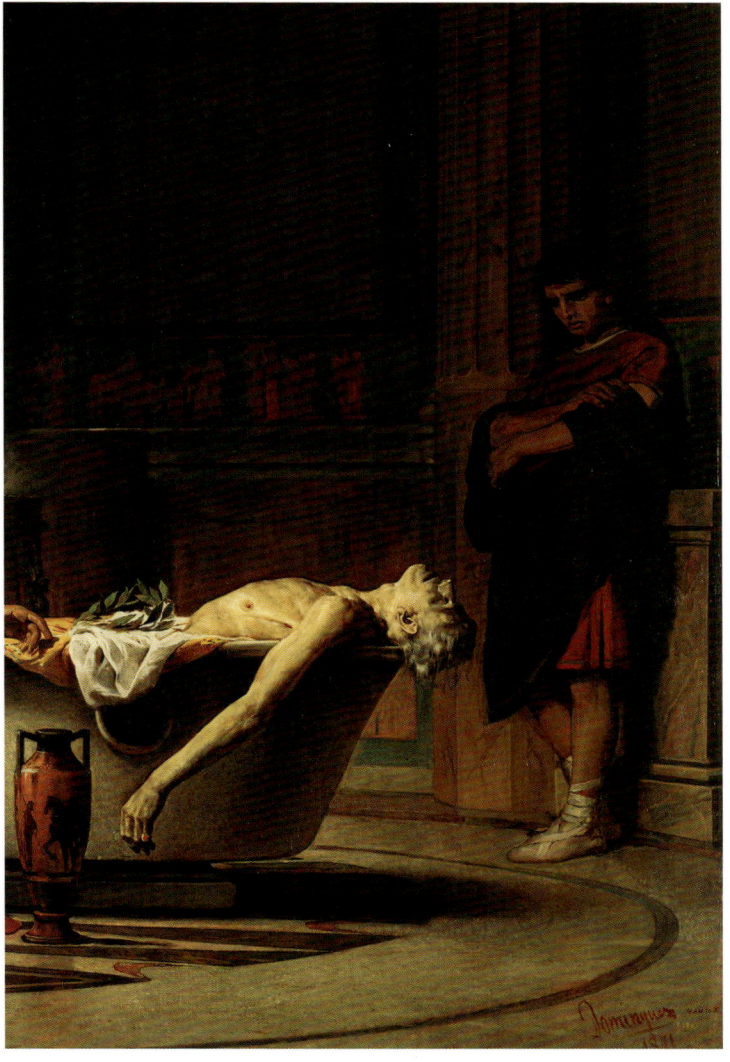

Esta escena y su importancia histórica ha sido
inspiración para muchos artistas a través del tiempo.

Estatua de Séneca. Mateo Inurria,
entre 1894 y 1895.

Folio iluminado de una edición
de "Cartas a Lucilio", de 1458.

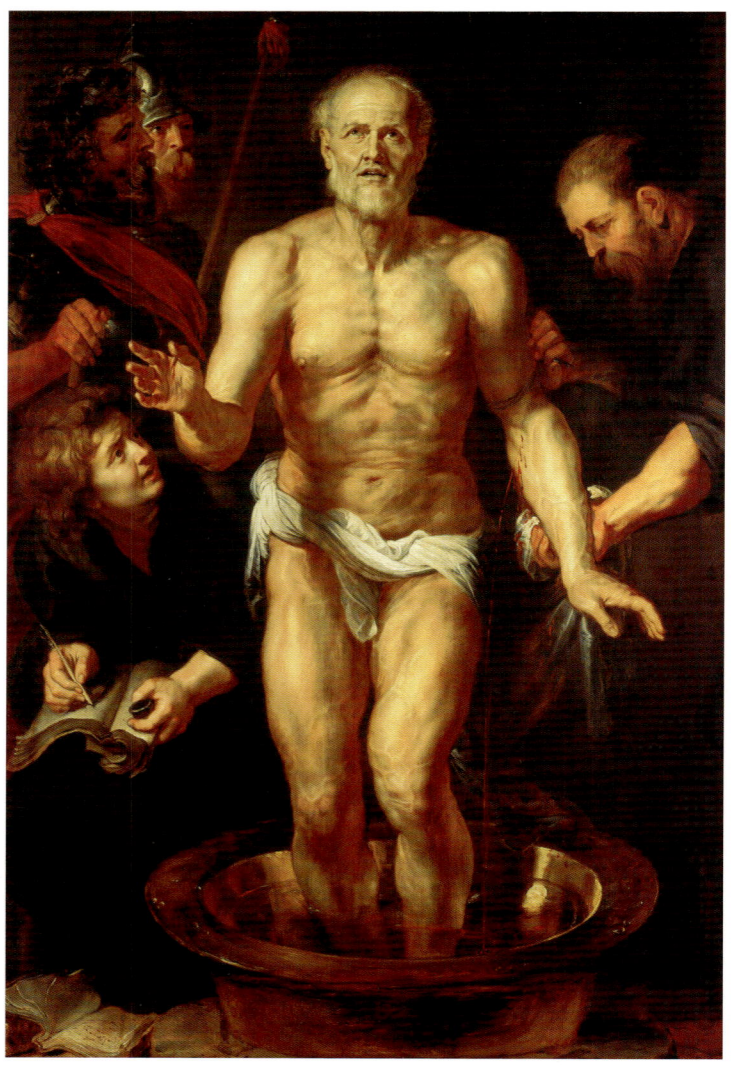

La muerte de Séneca, de Peter Paul Rubens,
entre 1612 y 1615.

Detalle de "Los cuatro filósofos", de Peter Paul Rubens, entre 1611. En la composición el artista incluyó un busto de Séneca.

"La muerte de Séneca",
Jacques Louis David, 1773.

Primera página de las "Cuestiones Naturales" de Séneca,
realizadas para la corte aragonesa en la edad media.

Busto de Calígula, emperador romano.

Busto de Claudio, emperador romano.

Nerón, emperador romano,
pintura de Abraham Janssens, 1620.

Todo aquello que le atañe a la virtud adquiere su imagen y semejanza. Las amistades que crea, las acciones que inspira, las mismas casas en donde entra, participan de su hermosura. La cosa más pequeña se transforma, asimismo, en algo amable, radiante y admirable.

* * *

Nunca ensalza cuántos objetos le destinaron de manera relativa ni tampoco la calidad que les sea propia. Debido a esta circunstancia del ser humano, le es totalmente indiferente que siembre una extensión muy grande de tierras, que beba en vasos deslumbrantes, que disfrute de rentas formidables, que reciba homenajes de una numerosa corte, que duerma encima de una cama hermosa... Lo que no le es indiferente es el ser virtuoso, debido a que la virtud es una razón recta, minuciosa, acorde con el veto de la naturaleza. La virtud también es conocida con el nombre de «honestidad», y constituye el único bien del ser humano, ya que la razón sola constituye a la persona y perfeccionada le puede hacer feliz. Igualmente, llamamos bienes a todo lo que lleva impresa la virtud o nace de ella, o sea, las acciones virtuosas. El auténtico motivo por el cual la virtud es el único bien consiste en que sin ella no existe. Efectivamente: si la totalidad de los bienes del ser humano habita dentro de su alma, es un bien absolutamente todo lo que la fortaleza enaltece y eleva, puesto que la virtud reviste el alma de una grandeza más grande. En cambio, todos los objetos que perturban nuestras pasiones la rebajan y la hacen tropezar, ya que vemos que engrandecerse, al parecer y si nos fijamos bien, es una ilusión vana, una inflamación engañosa del ego. Por ende, no existe bien que no vuelva mejor al alma.

* * *

Si la razón jamás necesitara socorrer a los vicios, la virtud sería muy dichosa.

* * *

Igual que el sol oscurece el resplandor de las antorchas, las señales de las injusticias, del dolor, del pesar, son borradas por la magnificencia de la virtud, debido a que cuando ella brilla, y todo lo que le pertenecía, el sufrimiento le provoca menos efecto que una nube que caiga sobre el océano.

* * *

No existe nada de arte en que nos pueda instruir el cambio de lugar: los viajes no forman al orador ni al médico. En tal caso, la más importante de todas las artes, la sabiduría, se podría adquirir viajando. Créanme, no existe ningún camino que nos pueda conducir mucho más allá del miedo, la rabia, los deseos. Si existiese, toda la especie humana se enloquecería. Recorran mares y tierras, los males de que los que ustedes se lamentan no dejarán de atormentarlos y perseguirlos mientras que ustedes, en principio, los lleven en su interior. ¿Están sorprendidos de que no los salve la fuga, si realmente los males escapan dentro de ustedes? Comiencen por corregirlos, líbrense de ese bagaje; por lo menos contengan sus deseos dentro de límites estrechos, desprendan de su alma la perversidad que la mancha y empuerca. Si quieren viajar de manera agradable, comiencen por sanar a su compañero de viaje. La codicia va a permanecer con ustedes tanto tiempo como vivan con un huésped sórdido y avaro; el orgullo va a permanecer tanto como ustedes estén ligados con un huésped vanidoso; ustedes no denunciarán jamás a la crueldad encontrándose en sociedad con un verdugo de la humanidad; el trato de un adúltero únicamente inflamará su gusto por el exceso. Con el fin de poder desprenderse de los vicios, es necesario escapar de sus enseñanzas torpes. Sin embargo, el criminal, el avaro, el traidor, el corruptor, cuyo trato se contagia, los van a encontrar dentro de ustedes. Entonces, busquen una sociedad mucho más virtuosa; vivan con los Tuberones, con los Catones, con los Lelius, y si les parece el trato con los griegos, con Zenón y con Sócrates. De uno aprenderán a morir antes de caer en falta; del otro, cuando sea necesario.

* * *

El alma, tan pronto como queda quebrantada y fuera de su lugar, se transforma en esclava de la pasión que la moviliza. Hay vicios cuyos inicios van a depender de nosotros, a pesar de que, luego del primer paso, nos torturen, nos arrastren, no nos permitan regresar. Abandonado a sí mismo, el cuerpo humano ya no es dueño de su dirección, ni puede retardar o evitar su caída, debido a que la irremediable ley física de la gravedad hace que no sirvan para nada el arrepentimiento y la sensatez. Es necesario elevarse al término donde se esté completamente libre de esa influencia. ¿En dónde se encuentra? En la propia alma. Le es imposible reprimir su ímpetu si permite que la domine el amor, la furia y las otras pasiones: es arrastrada y, por su propio peso, se precipita hasta lo profundo del abismo por la pendiente natural de los vicios.

La característica de entusiasmarse por las cosas honestas es propia de una persona generosa: en raras ocasiones un alma pulcra se apasiona por objetos groseros y viles, ya que le exalta y le domina el pensamiento de una empresa importante. Si no puede descender ni detenerse la llama que se eleva en línea recta, del mismo modo, todo el tiempo en movimiento, es tanto más activa cuanto más fuerte. Dichosa la persona que dirige todo su esfuerzo hacia el bien, pues jamás va a depender de la suerte. La adversidad no le podrá derrumbar ni la prosperidad enorgullecerle. Él desprecia lo que otros admiran. Reconoce que la medianía es preferible a la opulencia, y que un alma grande se encuentra por encima de las grandezas. La medianía proporciona la felicidad; la opulencia perjudica por su propio exceso. La fecundidad excesiva daña a la madurez, las ramas de los árboles frutales se desgajan con el peso de los frutos y las espigas demasiado granadas se desgranan. Asimismo, el alma sucumbe bajo la carga de la dicha, que igual engaña a los otros que se engaña, principalmente, a sí misma, sin ninguna duda.

* * *

Todas las cosas mortales tienen pérdidas y reparaciones, altas y bajas, aumentos y disminuciones. ¿Podrían ser iguales entre ellas si son siempre diferentes de ellas mismas? Sin embargo, las cosas divinas son invariables en esencia, debido a que la razón es solamente una parte del alma divina puesta en el cuerpo de una persona.

* * *

Sin excepción, todos hemos cometido faltas. Unos, más leves; otros, otros más graves; aquellos por la sugestión de los malvados o impulso de la casualidad; estos por intención premeditada; finalmente, algunos por carencia de firmeza en las buenas decisiones, han perdido su inocencia de manera desagradable y a pesar de su resistencia. No somos únicamente culpables, sino que lo vamos a ser hasta el final de nuestra existencia. Los citados últimamente, cuya alma está bastante purificada por no tener más miedo a la equivocación y al desorden, solo son conducidos ante la inocencia por el camino de los errores.

302

L. ANNÆI SENECÆ
DE CONSTANTIA
SAPIENTIS,

siue

QVOD IN SAPIENTEM
NON CADIT INIVRIA.

CAPVT I.

TANTVM inter Stoicos, Se-
rene , & ceteros sapientiam
professos. interesse , quantum
inter fœminas & mares, non
immeritò dixerim : cùm vtraque turba
ad vitæ societatem tantundem confe-
rat ; sed altera pars ad obsequendum,
altera imperio nata sit . Ceteri sapien-
tes molliter & blandè , vt ferè dome-
stici & familiares medici, ægris corpo-
ribus , non quà optimum & celerrimum
est , medentur , sed quà licet : Stoici vi-
rilem ingressi viam, non vt amœna ineun-
tibus videatur curæ habent , sed vt quam-
primùm nos eripiant , & in illum editum
verticem educant , qui adeò extra om-
nem teli iactum surrexit , vt supra fortu-
nam emineat . At ardua per quæ voca-
mur, & confragosa sunt . Quid enim pla-
no aditur excelsum ? Sed ne tam abrupta
quidem

Página del diálogo "De la firmeza del sabio".
Edición de 1643, publicada por Francesco Baba.

LA FELICIDAD DEL HOMBRE SABIO

¿Ustedes no son accesibles a la tribulación? ¿Jamás la esperanza les ha causado los martirios de la angustia? ¿El alma de ustedes se mantiene en una igualdad perfecta día y noche, siempre contenta de sí misma, elevada todo el tiempo? En ese caso, han conseguido de hecho la felicidad humana. Sin embargo, si ustedes buscan el placer por todos lados, sea como sea, sepan que todo cuanto se estropea con la dicha, se frustra con la sabiduría.

* * *

Es así como la satisfacción del sabio no le impulsa a poseer la firmeza del héroe que, aquejado de martirios, sofoca y reprime sus sollozos. Yo envidio la felicidad del primero y admiro la valentía del segundo, si bien, en ambos casos, la virtud es la misma. Aquel que reflexiona y juzga estas innegables virtudes, se detiene encima de la superficie perdiendo la noción de lo profundo. La totalidad de los verdaderos bienes poseen el mismo volumen y peso; los falsos se encuentran vacíos y, dándonos la impresión de que son enormes a la vista, nos desengañan completamente cuando son puestos en la balanza.

* * *

Por un instante, los pretendidos bienes que el vulgo admira inflaman el corazón de una alegría falsa; los males pretendidos que de manera exagerada inspiran un pánico no consciente, como el temor de los animales frente a la presencia de un aparente peligro. El alma, en tales circunstancias, se comprime o se expande sin conocer la causa, debido a que no posee otros fundamentos que la alegría o el miedo. Únicamente la razón es inmutable y la tenemos todo el tiempo a nuestro alcance, porque es la maestra de los sentidos, no su esclava maestra.

* * *

Que todos sus cuidados, sus preocupaciones, todos sus deseos se reduzcan a vivir contentos con ustedes mismos y con los bienes que nacen de ustedes. Excluyan de esta plegaria el devolver lo de todos los otros a los dioses. No hay otro estado más cercano a la dicha divina. Para que no tengan miedo a la caída, desciendan muy bajo. La totalidad de los sucesos que la multitud piensa que son males se va a dulcificar y rápidamente se transformará en bienes si ustedes logran elevarse sobre ellos. Tengan la convicción de que no existe otro bien que el de la honestidad, y todas las zozobras y disgustos de la vida van a merecer el nombre de bienes cuando estén dotados de forma constante por la virtud de las particularidades que imprime a la honestidad. Existen hombres de quienes nos cuidamos de prometer más de lo que la humanidad permite, debido a que solo miran al cuerpo, sin embargo, cuando entren profundamente hasta el alma, y esta llega hasta Dios, en ese momento esos hombres van a cuidar sus proporciones.

No piensen que el sabio se aparta del común de las personas y que, como si fuera un pedrusco insensible, separa el dolor de sí mismo. Dos sustancias componen al sabio: la insensata, que sufre las aflicciones, las quemaduras, las mordeduras; la razonadora, con su manera de pensar inquebrantable y constante, invencible, animosa, que habita en el bien soberano, ante cuya plenitud el alma queda perpleja, flotante y confusa hasta que su perfección la inmoviliza y la fija.

* * *

La felicidad, ¿en qué consiste? En tener una tranquilidad inalterable y una seguridad. Pero ¿quién nos la puede procurar? La firmeza para llevar a cabo las decisiones de un juicio sano, la grandeza de alma. ¿Y cómo podremos lograr estas virtudes? Cuando contemplemos la verdad sin ninguna nube; cuando conquistemos el amor y el aprecio de nuestros semejantes; cuando observemos un comportamiento decente, ordenado y comedido; cuando regulemos nuestras intenciones con el propósito de practicar el bien y el miedo de perjudicar a otros; cuando escuchemos la voz de la razón; cuando no olvidemos sus normas. Finalmente, el alma del sabio se debe asemejar a la divinidad, trazando su semblanza con dos palabras.

* * *

De esta manera, cuando el ser humano desafía las casualidades de la fortuna; cuando se eleva por encima del miedo y no abraza al infinito con su esperanza egoísta y ambiciosa, sino que busca en sí mismo las verdaderas riquezas; cuando ha excluido el pánico a los hombres y a los dioses, convencido de que no tenemos nada que temer de aquellos ni de estos; cuando, insensible a cualquier placer, soporta mejor el martirio que el atractivo de la existencia, ha llegado a entender que la muerte no le produce ningún daño, sino que le pone final a todos; cuando se ha consagrado a la virtud y todos los caminos por donde ella le llama se le abren; cuando se considera un animal sociable que nació para el bien general, juzgando al mismo tiempo al mundo como la patria común de la humanidad; cuando descubre su conciencia a los dioses, vive siempre como lo hace en público y, más que a los otros, se respeta a sí mismo; cuando, finalmente, alejado de las tormentas, se mantiene fijo dentro de una calma inquebrantable, con todo esto ha puesto en práctica y agotado toda la ciencia verdaderamente necesaria y útil; todo lo demás es solamente la diversión de sus tiempos de descanso.

* * *

Cuando se juzga en relación con los otros, jamás está satisfecho con su suerte. De aquí que se ofusque contra los mismos dioses cuando alguien lo aventaja, porque nosotros no nos preocupamos de la multitud de infelices que se arrastran tras de nosotros y que envidian nuestra felicidad.

* * *

¿Cómo vivirá el sabio si es encerrado en una prisión, abandonado en un lugar desconocido, sometido a una larga navegación, lanzado a una isla desierta y sin amigos que lo consuelen? Así fue la suerte de Júpiter luego de la disolución del mundo, cuando todos los dioses se confundieron en una sola masa y la marcha de la Naturaleza permaneció en suspenso durante algún tiempo. Júpiter reflexionó largamente y se reconcentró en sí mismo. Pero ¿cómo él, siendo un sabio, vive consigo mismo encerrado dentro de su alma? Cuando logra disponer de una oportunidad toma a una mujer y se basta a sí mismo; da la vida a sus hijos y se basta a sí mismo; solo vivía para vivir solo y se basta a sí mismo. Lo que le conduce a la amistad es una consecuencia natural, no el interés. El deseo de amar, igual que los otros deseos, es inherente al ser humano; gusta de los encantos de la sociedad y escapa de la soledad; el estímulo que le impulsa a la amistad es su natural benevolencia para sus semejantes. Como es consiguiente, el sabio está muy enlazado con sus amigos. Siempre los iguala con él y frecuentemente los prefiere a sí mismo, sin embargo, no por esto su felicidad va a ser menos estrecha con su alma.

Por más que nuestros entusiasmos sean para las personas que amamos, tengan el convencimiento de que la mayoría de ellos viven con nosotros. Somos dueños del tiempo pasado, y lo que fue es lo único que está en el lugar más seguro. La que nos hace ingratos para el pasado es la esperanza del futuro, como si este futuro mismo, imaginando que llega hasta nosotros, no debiera transformarse en tiempo pasado en poco tiempo. Esto es confinar en límites bastante angostos las ventajas que nos dan los objetos cuando nos limitan al disfrute de lo presente. El pasado y el futuro nos suministran los placeres del recuerdo y de la previsión, aunque esta sea incierta y no se pueda realizar ahora, y aquel se mantenga borroso entre muchos otros. Entonces, ¿cuál es nuestra locura? ¿La de dejar que lo más seguro se escape? Saboreamos todos nuestros juicios pasados de manera muy holgada, con tal de que nuestra alma no haya sido un vaso sin fondo en donde fueran derramados todos los placeres.

A la vez que los dioses inmortales gobiernan sin armas su imperio y, en lo alto de los cielos, conservan tranquilos la posesión, igualmente el sabio llena sin temor sus deberes, por extendidos que sean, y mira a sus pies a los seres humanos, del cual es el elemento más virtuoso y poderoso. No es para que provoque júbilo, sino una enorme veneración cuando el alma, para la cual no existe soledad ni distancia inaccesible, recorriendo el Oriente y el Occidente dentro de sí misma, y contemple esta aglomeración de animales y tantos bienes como nos prodiga la Naturaleza, no halle nada más sublime para poder expresarlo que decir como si fuera un dios: ¿Qué hay más allá de todo esto? ¿Qué más podemos desear? ¡Soy dueño de todo esto!

* * *

Solo somos viajeros que hemos naufragado en el gobierno tiránico y absoluto de la fortuna. Esta, caprichosamente, nos concede los perjuicios y beneficios. Nos va a infligir todo tipo de crueldades y ultrajes, siendo dueña y soberana de nuestros cuerpos. Utilizará el fuego bien como remedio, bien como tortura. Va a encadenar tanto al enemigo como al ciudadano de pies y manos. Lanzará totalmente desnudos a los mares turbulentos a quienes le provoque y, luego que hayan peleado con las olas durante un largo tiempo, en vez de que descansen encima de las orillas o la arena, los va a amortajar obligándoles a que algún monstruo marino los devore. Va a suspender entre la vida y la muerte a los enfermos a quienes haya hecho enfermar de tiempo en tiempo. En resumen: la fortuna se va a revelar como matrona caprichosa, poco constante, indiferente con la suerte de sus esclavos, entre quienes va a distribuir al azar recompensas y castigos.

* * *

La destrucción de la grandeza es igualmente el final de todo. Llevando a cabo su tarea, la virtud se sustrae de nuestra vista; al madurar en sus comienzos, los frutos se pudren cuando esperan al fin de la estación. Inicialmente, el fuego arde con llamaradas muy intensas, pero se apagan rápidamente. Cuando prende en una materia combustible, la brasa se aviva, disminuye con la que no lo es y, casi sofocada por la humareda, solo da una luz oscura, pues la causa de su duración es la propia dificultad que encuentra para alimentarse. Igual ocurre con los seres humanos; los que tienen un ingenio más brillante viven menos que los otros. Sus muertes se aproximan cuando ya no les queda más progresos por llevar a cabo.

Por decirlo de alguna manera, la persona superior abraza y estrecha las injurias con el bien soberano. No enfrentan únicamente a los hombres, sino a la misma fortuna. Le dicen: «Tu hermosa mentalidad es sumamente débil para truncar mi tranquilidad. Ajusto la conducta de mi vida a la razón, porque es la que me defiende. Se transformaría, con la ira, en la más torpe de todas las ofensas. ¿Por qué razón? Muy simple: la ofensa tiene señalada su medida; no sé, por el contrario, a dónde me llevaría la ira».

* * *

La persona sabia no es vulnerable a las enfermedades del alma, su corazón está tranquilo y jamás se ve envuelto con los velos de la aflicción. Nada más útil para el hombre que la grandeza del alma, debido a que no es compatible con el desconsuelo y el miedo, que la retraen y ciegan. Nunca el sabio va a mostrar esta debilidad en sus propios males; antes bien inutilizará y rechazará todos los disparados de la irritada fortuna.

* * *

El botín de la fortuna, ya se manifieste, ya se procure, se encuentra más seguro de no intentarlo, de no pensar todo el tiempo en ella y por nada esperarla. Si no hubiera obstáculos, yo me embarcaría; si no surgieran impedimentos, yo me haría prestamista; si nada se opusiera a ello, lograría esa empresa. Aquí se muestra en qué sentido decimos que no llega nada al sabio de manera opuesta a su previsión. No intentamos evitarle los accidentes, sino las equivocaciones humanas. No podemos asegurar que los sucesos tomen el giro que él desearía, sino el que preveía, debido a que él preveía dificultades para sus proyectos. Cuando uno no se alaba de conseguir el éxito, su falta nos aflige menos.

* * *

Cuando nuestros días se deslizan de acuerdo con nuestros deseos, no se necesitan grandes hazañas para demostrar fortaleza en la prosperidad: nunca resplandece el arte del piloto con el viento apacible y el océano en calma, sino cuando las adversidades ponen su alma a prueba.

* * *

¿Acaso se puede dudar de que el sabio halla más oportunidad cuando despliega las virtudes de su alma en la pobreza que en la riqueza? Con esta únicamente muestra una especie de virtud, la que consiste en no dejarse espantar ni derrumbar. En cambio, encuentra campo libre con las riquezas, con el fin de ejercitarse la magnificencia, la templanza, la generosidad, la economía y la distribución de los beneficios. Nunca el sabio se menosprecia por ser de corta estatura, sin embargo, preferiría tener una talla alta. No será menos sabio por ser tuerto y flaco, pero le complacerá más un cuerpo robusto y fuerte. Jamás olvidará por esto que lleva consigo mismo el más estimable bien, aguantará la salud quebrantada, sin embargo, va a desear la buena. Como podemos ver, hay beneficios que, por muy insignificantes que sean en sí mismos, y sin llegar a tener ninguna influencia sobre el bien principal, añaden, no obstante, algo a la satisfacción eterna que nace con la virtud. Al sabio las riquezas le causan la misma satisfacción que al navegante un viento favorable y feliz, que a todos los seres humanos una residencia que resguarde de los fríos del invierno y un cielo deslumbrante.

* * *

Pongamos a la felicidad en un asilo en el cual no pueda arrancarla la violencia; en un lugar inaccesible al miedo, a la esperanza, al dolor, al sufrimiento, a todo lo que la pueda perturbar. Únicamente la virtud se puede elevar a esta altura, únicamente ella puede subir esta montaña empinada. La virtud sabrá soportar todos los sucesos, resistir todos los ataques hasta con placer, y no solo con paciencia. Ella sabrá que todas las angustiosas desgracias son leyes de la Naturaleza. Se parece a un soldado valeroso que cuenta sus cicatrices, está resignado con sus heridas y, aun moribundo, acribillado de balas, bese las manos a su general, por quien fallece, debido a que la virtud tendrá siempre presente el antiguo mandato: «Sigue a Dios».

* * *

Devuélvanme mis riquezas; déjenme libre; mi imperio es el de la sabiduría, por eso es pacífico e inmenso. Todos los bienes me pertenecen a mí, porque yo los abandono en manos de las demás personas.

* * *

Cuando no se sale de su estado, la suerte del ser humano no es terrible. La Naturaleza nos ha constituido de modo de no necesitar de gran cosa para vivir dichosos. Sea en bien, sea en mal, las cosas exteriores casi no tienen poder sobre nosotros. La adversidad no puede destruir al sabio ni la prosperidad exaltarlo. Únicamente ha trabajado toda su existencia para establecer su bienestar en sí mismo y sacar toda su alegría de su alma. ¿Desean escuchar cómo soy sabio por esa razón? De ningún modo. Si yo lo pudiese pretender, sostendría que no solo no soy un hombre infortunado, sino que soy el rival de los dioses, el más afortunado de los mortales. Me es suficiente, con el fin de endulzar todos los sufrimientos de la existencia, inspirarme en el comportamiento de los hombres sabios; me encuentro refugiado en un campamento de héroes, soy sumamente demasiado débil para mi propia defensa. Son estos héroes quienes me ordenan vigilar todo el tiempo como un centinela y prever, mucho antes de ser asaltado, todos los contratiempos de la suerte. La fortuna solo es peligrosa cuando nos atrapa sorpresivamente, ya que sus acometidas, cuando se esperan, no dañan con facilidad.

* * *

Estamos acostumbrados a decir que no está en nuestra mano escoger a nuestros padres, que nos los ha dado el destino. Pero hay un nacimiento que depende completamente de nosotros. Entre las familias de los más grandes genios, a ustedes se les admite en la que quieran entrar, no solo para llevar el nombre de ella, sino también para disfrutar de sus bienes. No se necesita guardarlos como un avaro; se van a incrementar a medida que los distribuyan a un mayor número. Estos van a mostrar a sus ojos la ruta que lleva a la eternidad y los pondrán sobre una altura de donde nadie los hará bajar. Este es el único medio de comprender, y hasta inmortalizar, su vida mortal.

* * *

Nunca Catón luchó con bestias feroces, oficio de habitante de los bosques o de cazador; no agredió monstruos con el fuego y el hierro; no vivió en una época donde se pensaba que las espaldas de un hombre podían sostener el firmamento; vivía en un siglo en el que los espíritus estaban iluminados, un siglo carente de prejuicios. Combatiendo solamente contra la ambición, azote multiforme; contra el desenfrenado deseo del poder dividido en tres partes, que no podía saciar el Universo; contra las perversiones de una ciudad degenerada, desplomándose bajo el peso de su propia mole, sostuvo en su caída a la república, tanto como podía ser sostenida por una sola mano, hasta que, arrastrado o empujado por él mismo, fue amortajado encima de las ruinas. Se le vio fallecer junto a lo que no se había podido separar sin un crimen. La libertad no pudo sobrevivir a Catón ni Catón pudo sobrevivir a la libertad. ¿Ustedes imaginan, como es consiguiente, que el pueblo haya podido inferir un ultraje a semejante hombre, bien quitándole la pretura de su toga, bien cubriendo de injurias su cabeza sagrada y venerada? No, el sabio se encuentra al abrigo de las infamias y de las ofensas.

* * *

Para aquellos que se mantienen firmes en todos los males, estos son menos molestos. Un hombre cuanto más es distinguido por su nacimiento, sus riquezas, su reputación, debe desplegar mayor energía y recordar que, en el ejército formado por los mejores soldados, ocupa el primer lugar; debe considerar la vergüenza, las afrentas, los ultrajes y todo tipo de insultos como gritos de los enemigos, como piedras que no hacen un ruido inútil cuando vienen a chocar en los cascos, como los disparos que provienen de lejos. Con respecto a las ofensas, las debe soportar sin dejar a un lado su cargo, sin estar abatido en él, como los golpes que aciertan a darle en el cuerpo o se estrellan en el escudo. Ceder en el mismo instante que son vejados y que los abrume una fuerza enemiga es muy vergonzoso. Entonces, conserven siempre el puesto donde las circunstancias los han puesto. Ustedes me preguntarán: ¿Cuál es? Es el de un ser humano.

¡Oh! ¡Parecía asombroso que una enorme prosperidad extienda tinieblas sobre el espíritu de las personas! Pompeyo se creyó fuerte por sobre todas las cosas humanas cuando vertía tanta sangre a la vista de un pueblo que pronto debía obligar a extenderse más; cuando exponía tantos hombres desgraciados a las fieras nacidas en otros lugares, cuando mantenía una guerra entre animales tan desproporcionados. Sin embargo, este mismo hombre, víctima de la perfidia de los egipcios, fue, finalmente, degollado por un vil esclavo, ¡y entonces reconoció la vanidad del sobrenombre que elogiaba su popularidad!

* * *

La ceguera del alma es un mal inherente a la naturaleza humana; es necesario amar sus engaños y no tan solo desengañarse. Para no irritarse contra los hombres, perdonen a toda la especie; ¡acuerden su gracia al género humano, ya que, si se enfurecen contra los viejos y los jóvenes debido a sus pecados, enfurézcanse también contra los niños, porque va a llegar un día en que ellos también pequen! No obstante, no se irriten contra ellos; sepan que su edad no les permite reflexionar de una manera sana. ¡Ahora bien: el título de hombres es un pretexto aún más válido que el de niños! Nacemos con el fin de vernos víctimas de una gran cantidad de enfermedades, así como de vicios, no porque nuestros espíritus sean obtusos y pesados, sino porque utilizamos mal nuestro ingenio cuando no escarmentamos de manera mutua con el ejemplo del vicio y nos dejamos conducir por él, que nos antecede y que toma el camino equivocado. Cuando se engaña con respecto al gran camino, ¿no es de excusarse?

* * *

Así, la naturaleza, que ha hecho que nazcamos para la virtud, va a secundar nuestros esfuerzos si nosotros nos queremos reformar. Como se ha dicho, el camino de la virtud es llanura sin asperezas, y no escarpado y rudo. Esto que expreso no son ganas de darles vanas esperanzas. ¡Sí, el camino de la felicidad es fácil, en el que únicamente el favor de los dioses puede influir para que podamos entrar en él!

* * *

Es necesario dolerse lo menos posible, conformarse con la suerte, obtener todas las ventajas que le puedan acompañar, no brinda ninguna condición que sea tan poco flexible en que la razón no encuentre algo de alivio. El más pequeño espacio ha sido acomodado para varios usos con modo industrioso; por angosto que sea el terreno, el arte logra hacerle habitable. La razón vence todas las dificultades; para ella no hay nada estrecho ni arriesgado. Sabe desembarazarlo y extenderlo; cuando se sabe manejarlo, un fardo pesa menos.

* * *

No dejamos que nuestros deseos se alejen mucho; no les permitimos extenderse más que a las cercanías, y esto debido a que no les podemos cerrar la puerta. De manera que renunciamos a todo lo que no pueda alcanzarse sin ninguna molestia, solo rebuscamos los que están a nuestro alcance y que terminan, por decirlo de algún modo, de pedir nuestra esperanza; pero sabemos anticipadamente que todos son igualmente frívolos, y que, en el fondo, todos son solo vanidad, aunque con exteriores distintos.

Al no mirar como inevitable todo cuanto es posible dentro de estas alternativas incesantes de elevaciones y descensos, ármense contra el infortunio: de él se sale victorioso cuando se le ve llegar.

Imaginar revoluciones incesantes en los Estados más florecientes, y no en casas particulares, en donde la impulsión más pequeña determina la tragedia. Ya hemos visto reinos, que emergen de lodazales, aplastar a los que les dictaban la ley, así como a antiguos imperios desplomarse en medio de sus bonanzas. La divinidad se complace, en la actualidad, en abatir a unos, en elevar a otros, no haciéndoles bajar de manera insensible, sino arrojándolos desde la cumbre de su grandeza, sin dejar ningún vestigio de esta. Debido a que somos pigmeos, nos parecen grandes dichos sucesos. ¡Cuántas cosas deben su prominencia a nuestra degradación!

* * *

No hay ninguno de mis días que se deslice sin que trabaje. Consagro una parte de las noches al estudio. Solo cuando estoy rendido me entrego al sueño, ya que empecinadamente retengo la vista desfallecida y cansada sobre mi obra. Es que el trabajo me obliga a renunciar a todo. Yo he renunciado a las cuestiones ajenas, comenzando por las mías. Me ocupa completamente el cuidado del porvenir, y debido a esto escribo, recojo enseñanzas saludables, conocimientos provechosos, recetas útiles escribo; con los cuales han quedado estacionados mis propios achaques, incluso sin quedar curados totalmente. La ruta de la dicha, que he conocido muy tarde, y la de mis perdiciones, se la muestro a los otros gritándoles: «Huyan de todas las dádivas del azar, de todos los gustos del vulgo. Ante un bien imprevisto, deténganse con desconfianza y miedo. La caza y los peces son, como ustedes, seducidos por un engaño, por un cebo. Los regalos de la fortuna los engañan: son lazos y trampas que les tienden. ¿Desean tener una vida serena? Defiéndanse de esos beneficios cazadores, con los cuales, ¡oh, nefasta equivocación!, en lugar de tomar, serán cautivos. ¡Infelices, esta vertiginosa carrera los conduce al abismo! ¡El fin de su elevación no puede ser otra cosa que una caída y la destrucción!».

* * *

Amen la razón, porque les va a ser útil como un escudo contra las agresiones más desagradables. En defensa de sus pequeños retoños, las fieras se arrojan contra las picas de los cazadores, ya que solo son indomables por su ímpetu temerario y su ferocidad. En algunas ocasiones, la pasión de la gloria arrastra a un corazón joven al peligro de las llamas y del hierro. En algunas ocasiones hasta la sombra de la virtud o la sola apariencia lleva a una muerte voluntaria. De manera que, si la razón posee más constancia y valor que estos movimientos pasajeros, ¿no se debe lanzar también con una impetuosidad mayor en medio de las alarmas y de los peligros?

* * *

Reconcéntrense dentro de ustedes mismos, tanto como les sea posible; escudriñen a los que los pueden volver mejor, amparen a los que pudieran mejorar. ¿Es que acaso el deseo de reflejar su talento no los conduce a las asambleas para disertar o leer con beneficio? Quizá lo pudieran hacer si el alma popular estaba en unión con la de ustedes, aunque no lo comprendieran tal vez más que una o dos personas, a quienes tienen el deber de instruirles formalmente hasta elevarles a la comprensión de sus pensamientos. Ustedes me dirán: ¿Por qué has aprendido tanto? No se preocupen, su trabajo no es en vano, ya que aprenderán para ustedes mismos.

* * *

La retirada, ¿para qué sirve? ¿Nuestras inquietudes no nos persiguen igual más allá? ¿Hay allá un antro tan recóndito que en él no entra ni el miedo a la muerte? ¿Acaso es un refugio tan fortificado, tan ignorado, en donde el dolor no insinúe sus alarmas algunas veces? Van a escuchar las desdichas de la humanidad rugir alrededor de ustedes, cualquiera sea el lugar donde se escondan. Por dentro, están las pasiones que hierven dentro de la misma tranquilidad de la soledad. Por fuera, nos encontramos rodeados de enemigos que tratan de sorprendernos y destruirnos.

Necesitamos fortificarnos con la muralla de la filosofía, muro impenetrable en el que la fortuna no puede abrir brecha con las máquinas que ponen en juego sus malas artes. Así, ganamos con esto el puerto de la seguridad únicamente con haber renunciado a los objetos externos, y quedamos protegidos dentro de la fortaleza del alma, desde la que entonces vemos caer a sus pies todos los disparos.

* * *

Debemos imponernos la calma dentro de nuestra alma. Para conseguirlo, entreguémonos a acciones virtuosas y meditaciones edificantes, de tal forma que todas nuestras facultades estén dirigidas hacia la honestidad; estemos siempre en paz con nosotros mismos, sin manchar nuestra reputación, tolerando, con tal que la merezcamos buena, que sea interpretada de mala manera.

* * *

Siempre, la casa del sabio es pequeña, libre de ruido, sin ninguna pompa, desprovista de ornamentos. No se encuentra cuidada por porteros, cuyo mirar venal y arrogante escoge a quienes deben dejar pasar los primeros, entre la multitud de visitantes que les importunan. Y a pesar de que el umbral de la mencionada casa esté sin defensa y libre, quien sabe que para la fortuna no hay ningún lugar, porque no tiene nada sometido a su imperio, no le brinda el paso a ella.

* * *

Así, la retirada proporciona a nuestra existencia este curso uniforme e igual que la multiplicidad de nuestros planes interrumpe incesantemente. De todos nuestros males, el más grande, efectivamente, es el de cambiar de vicios; nosotros no poseemos la triste ventaja de permanecer con aquel con el que estamos habituados; nos seducen todos, los unos tras de los otros. Nos encontramos, aparte de esa ligereza, con que lo más grave es la perversidad en nuestras opiniones, ya que la inconstancia y la fluctuación perenne nos obligan a criticar lo que habíamos abandonado y desistir de lo que anhelamos. De este modo, nuestra vida es solamente una alternativa de remordimientos y deseos.

Huyan de los círculos, de las visitas, de las asambleas. No veo a ninguna persona con quien les pueda permitir el trato, lo cual justifica la idea que tengo de ustedes, que me arriesgo a confiarme a ustedes como si fueran yo mismo. Crates, el discípulo de Stilpon, al ver a un muchacho que paseaba sin compañía, le preguntó qué estaba haciendo así tan solo. Él respondió: «Me estoy distrayendo conmigo mismo». El filósofo replicó: «¡Ten mucho cuidado, podría suceder que te entretuvieras con un hombre perverso...!».

* * *

Ustedes me preguntan lo que deben evitar principalmente. Pues, el mundo. Aún no se pueden exponer a él. Yo confieso mi debilidad, conmigo jamás regresan las costumbres que he practicado. Está cambiado ese orden que yo había establecido; ese vicio que expulsé se encuentra ya de regreso. Es igual que lo de ciertos convalecientes que en realidad están tan debilitados por su padecimiento que no pueden tomar el aire sin tener un accidente. Nosotros somos parecidos cuando nuestras almas se reponen de forma precaria de una enfermedad prolongada. El mundo es muy perjudicial para nuestro estado: le devuelve, sin saberlo, el barniz, la apetencia y la impresión de algún vicio. La multitud, además, es numerosa; después el peligro es enorme.

* * *

¡Sin el obstáculo de las riquezas, cuántos hombres habrían sido filósofos! El hombre pobre no tiene ninguna dificultad, ningún cuidado. Está seguro de que, cuando suena la trompeta, no lo llaman a él. Sueña con evadirse cuando toma incremento la alarma, jamás en mudar de casa. Cuando va a embarcarse, no le alteran los gritos en el puerto, ya que el cortejo de un hombre solo no perturba la calma de sus riberas. No hay nada de multitud de esclavas rodeando al filósofo. La fertilidad de las regiones de ultramar no le importa. Puede saciar, sin trabajo y solo por costumbre, algunos sobrios sirvientes, cuyo único deseo es el de tener lo bastante. El apetito estragado es el que arruina; el hambre es poco costosa. Le es suficiente a la pobreza con satisfacer las necesidades más urgentes. ¿Y ustedes desecharían una compañera cuyos hábitos son el modelo del rico, que además es sabio? Vivan pobres o como pobres si desean cultivar su alma.

* * *

Vean la idea que me ocupa actualmente. Está tomada de los jardines de Epicuro: «La pobreza ajustada a las necesidades de la naturaleza es la auténtica riqueza». ¿Y ustedes saben lo que la naturaleza exige? No tener frío, ni hambre, ni sed. No es necesario congelarse de frío a la puerta de los ricos, soportar su cortesía ultrajante o las miradas de desprecio, ni tampoco es necesario exponer la vida en los campos o en las embarcaciones para apagar la sed y el hambre. Todo lo que la naturaleza pide se obtiene con facilidad, está a nuestro alcance. Lo necesario lo tenemos a la mano. Lo que nos atormenta es lo superfluo, nos hace naufragar en las costas extranjeras, vestir la toga, envejecer bajo las tiendas.

* * *

Con frecuencia, muchos sabios han despreciado estos pretendidos bienes que encandilan al vulgo por el atractivo de la felicidad. Tuberón consideró que la pobreza era digna de él y del Capitolio, y utilizó vasos de barro, en una comida pública, con el fin de enseñar que los hombres se debían conformar con ellos, puesto que los propios dioses todavía los usaban; durante su consulado, Fabricius rechazó las riquezas y, con su censura, las denigró y anatematizó. Sextius no aceptó los honores, a pesar de que, por su nacimiento, le era impuesto el deber de participar en las cargas de la Administración Pública; no quiso recibir el impuesto que Julio César le ofrecía, convencido de que le podía quitar lo que podía darle. Vamos a ejercitarnos en mostrarnos tan altruistas hasta que logremos, por nuestra parte, ser otros modelos. Entonces, ¿por qué desesperar? ¿Por qué perder los ánimos? Lo que pudo hacerse, aún se puede hacer; no soñemos que cuando purifiquemos nuestras almas, la naturaleza va a seguir en donde no se pueda separar sin ser de nuevo el juguete de los miedos y de los deseos y volver a ser esclava de la fortuna. Todavía podemos reingresar en la ruta y adquirir otra vez los derechos que habíamos perdido. Y en aquel momento vamos a estar en el caso de aguantar el dolor, sin importar la forma con que venga recubierto para atacar nuestro cuerpo, pudiendo decirle a la fortuna: «Busca otro enemigo a quien derrotar, porque tú tienes un lance de honor con un hombre de corazón».

* * *

La persona dichosa no es la persona que ríe, sino aquella cuya alma, llena de confianza y alegría, se sobrepone y es superior a todo lo que suceda. Créanme, esto es algo más importante todavía que la alegría. Cuando llame la pobreza a su puerta o cuando tenga que derrotar al sufrimiento, reprimiendo sus pasiones, no tendrá los ojos risueños ni la frente altiva. Se reconcentrará, ocupado en estos trabajos penosos, en una alegría asombrosa, aunque casi no la muestre al exterior. Es precisamente de esta alegría de la que yo intento ponerlos en posesión. Cuando hayan descubierto el manantial, jamás se va a agotar.

Tratemos de preservar nuestra igualdad de alma, vamos a pagar sin murmurar los tributos de nuestra propia mortalidad. ¿El invierno conduce el frío? Entonces, resistamos el frío. ¿Es el verano una fogata de calor? Vamos a soportarla. ¿Estar a la intemperie perjudica la salud? Pues, esperemos aguantarla. ¿Nos vendrá a atacar una bestia feroz, o el hombre, más peligroso y sanguinario que todas las bestias feroces? ¿El fuego nos arrebatará una cosa y el agua otra? Si bien no podemos cambiar el orden natural y la faz del mundo, sí nos podemos prevenir de sentimientos animosos, propios de una persona honrada, con el fin de aguantar firmemente los embates del destino, y ponernos de acuerdo con la naturaleza, debido a que la naturaleza es la que gobierna este imperio que ustedes ven con cambios sucesivos. A la tempestad le sigue la calma; el mar se perturba después de estar tranquilo; los vientos soplan de manera alternativa; el día viene luego de la noche; una parte del cielo desciende hasta nuestros pies y otra parte se eleva sobre nuestras cabezas; en resumen, la eternidad está compuesta por elementos opuestos.

Igual como se resigna a los calores del verano, a las enfermedades, a las crudezas del invierno y a todos los infortunios de la vida, el sabio se resignará a todo. No va a dispensar al hombre perverso el honor de atribuirle que haya consultado a la razón para cometer sus delitos. La razón únicamente se encuentra en el sabio, ya que todos los demás no tienen ni sensatez ni razón. En ellos solo se descubren fraudes, emboscadas y otros movimientos turbulentos, a los que el sabio pone entre los accidentes imprevistos. Efectivamente, todo lo que es imprevisto ejerce sus estragos fuera de nosotros. Además, vemos que los malvados nos pueden perjudicar y exponernos de mil formas diferentes al peligro, ya sea erigiéndose en acusadores, ya sea suponiendo que somos criminales, ya sea azuzando la furia de los poderosos contra nosotros, o por otros latrocinios o por algunas exacciones igual a las que se cometen en el interior de los tribunales. Un ultraje muy vulgar o una injusticia consiste en privar a cualquier persona del provecho o salario, de la recompensa que no se le ha permitido obtener por largo espacio de tiempo, de la protección de una familia rica o de la sucesión merecida por muchos trabajos. Debido a que no sabe vivir ni con el miedo ni con la esperanza, el sabio escapa a todos estos accidentes.

* * *

El hombre que se preocupa por el futuro, que él mismo se hace desgraciado frente a la desgracia, que pretende asegurar la posesión de los objetos en los cuales cifra su felicidad hasta el final de su vida, no vive en paz. No existe la calma para él: la inquietud ante el futuro le va a arrebatar el presente con el que podría ufanarse. Dos estados igual de dolorosos para el alma son el miedo y el desconsuelo de perder lo que está disfrutando. No se trata de que yo quiera aconsejar una total indiferencia; sin embargo, es necesario ponerse en guardia contra el miedo y prever todo lo que puede prever la sabiduría humana. Nos debemos adiestrar en descubrir y apartar los sucesos que fueran dañinos para nosotros mucho antes de que ocurran. Vamos a encontrar, para ello, muchos recursos en nuestra firmeza y en la ciega sumisión a todo cuanto tengamos que aguantar. Es igual tener que soportar la fortuna que ponerse en guardia contra ella. De esta manera no se promueven tormentas en el seno de la calma de espíritu. No hay nada más insensato y triste que temblar por todo a cada instante. ¡Anticiparse a los males es una verdadera demencia! En conclusión, para decir en pocas palabras lo que yo pienso de estas personas temerosas, molestadas por sí mismas, que no se saben moderar antes de que llegue la desgracia, se entristecen más por lo que no les concierne que por lo que tuvieran necesidad de entristecerse. La misma debilidad que les priva de la capacidad para prever su desgracia les imposibilita para valorarla. La misma carencia de moderación nos convence de que nuestra felicidad se consolidará, se agrandará por sí misma y nos va a despreocupar de la fatalidad que gobierna todos los asuntos humanos. Metrodoro utilizó esta misma razón con su hermana con la finalidad de consolarla por el fallecimiento de un hijo muy virtuoso: «La totalidad de los bienes de los mortales es mortal igual que ellos».

No nos molestemos por trabajos inútiles ni por cosas superfluas, si no es por un motivo extraordinario. No anhelemos lo que no podamos obtener, por el miedo de que, luego de haberlo logrado, reconozcamos que era muy fácil, sintiendo vergüenza de nuestra propia vanidad. Pues asimismo evitaremos almacenar frutos que no son dignos de nuestros trabajos o trabajar infructuosamente.

* * *

Admiro mucho la respuesta de Panecio a un joven que le preguntó si el hombre sabio podía enamorarse. Le dijo: «Para el sabio es diferente; pero tú y yo, que nos encontramos muy distantes de serlo, no debemos exponernos a una pasión arrebatadora e impetuosa, que envilece y esclaviza al hombre ante sus propios ojos. De manera que, si el amor es favorable, sus favores únicamente nos irritan; y si es esquivo, sus desprecios nos vuelven locos». Las facilidades son tan perjudiciales como los obstáculos. Luchamos por unas y nos dejamos avasallar por los otros. Entonces, vivamos tranquilos; no arriesguemos la debilidad de nuestra alma ni al vino ni a la adulación ni a la belleza; vamos a protegernos de estas asechanzas tentadoras.

* * *

Para el día no es quimérico, que me ha mostrado una esperanza codiciosa, para el que yo estoy preparado, ya que cada uno de mis momentos los he ajustado como si fueran el último de mi existencia. Entonces, ¿para qué preguntar los años que tengo si aún soy muy joven? Yo hice mis cuentas: una persona puede estar constituida con una talla pequeña; la vida puede ser perfecta con una duración limitada. Es que la edad es solo una ventaja exterior del ser humano: de mí no depende la duración de mi vida; en cambio, la duración de mi virtud, sí. Exíjanme que no me arroje a una carrera vertiginosa entre las tinieblas, que viva y que únicamente atraviese la vida. Lleguen hasta la sabiduría si desean saber cuál es el término más prolongado. Al lograrlo, llegamos al final que, si no es el más elogiado, al menos es el más glorioso. La gloria del vencimiento, del que no tendrá ninguna presunción, puede, entonces, glorificarse, atribuirse a sí mismo y a la naturaleza. A los dioses se les devuelve una vida mejor que la recibida: el modelo de un hombre de bien, del que se trazaron todas las dimensiones, ha quedado en la Tierra. De manera que los días que hubiese vivido para agrandarlo habrán sido similares necesariamente a los que están pasando.

* * *

No hay nada más apremiante que la prosperidad: perturba los espíritus, nos excita a la ambición, nos pervierte, alimenta mil deseos en nuestros corazones, nos exalta, nos enerva, atormenta sin interrupción. Pero ustedes me dirán: ¿hay muchas personas que la sostienen? Sí, igual como se ve la embriaguez que arrastra al vino consigo.

* * *

Miren esta hermosa máxima, digna del escritor Publius: «Lo que ocurre a uno puede ocurrir a cualquiera». Un hombre ha perdido sus hijos, ustedes pueden perder los suyos. Otro hombre fue condenado: ya la espada de la justicia queda suspendida sobre las cabezas inocentes de ustedes. ¿Y de qué nace nuestra debilidad en los infortunios? De no haber sospechado como posibles las desgracias que padecemos. Sepamos prevenir los males futuros, con el fin de despojar de toda su energía a los males presentes.

* * *

El verdadero bien es lo que proporciona la felicidad en los seres humanos, toda vez que no se puede corromper. Pero ¿dónde se encuentra el error? Se desea ser dichoso, sin embargo, se toma el medio por el fin, y se le vuelven las espaldas por correr tras de la felicidad. Solo se recogen motivos de inquietud, en lugar de la seguridad inquebrantable, de la paz sólida, que constituyen la dicha. En la ruta tan difícil de la existencia no es suficiente con que se lleve y arrastre el pesado fardo que ella representa, ya que cada vez se aleja más de su intención. Todos sus pasos son resbaladizos; todos sus esfuerzos, sogas para su garganta. De esta manera, en el interior de un laberinto, cuanto más corre de forma precipitada, más se pierde.

* * *

Pasado, presente y futuro son las tres partes en que se divide la vida. El pasado es lo único seguro; el presente es breve; el futuro, incierto. Con respecto al pasado, la fortuna ha perdido los derechos que tiene sobre él, debido a que no se encuentra la disposición de nadie. He aquí lo que pierden las personas que están ocupadas en los negocios: no tienen valor para regresar la mirada al pasado, y si lo tuvieran, no podría más que fastidiarles una añoranza, acompañada del remordimiento. Pese a ello, su espíritu hace memoria del tiempo mal utilizado y no tiene fuerza de voluntad para recordar las faltas que les sedujeron por el placer fugitivo que les dieron, placer que se va a mostrar con todos sus verdaderos rasgos en lo sucesivo. La persona cuya conciencia, juez que nunca falla, reprocha sus propias acciones, únicamente puede evocar el pasado con placer. Por el contrario, debe temblar necesariamente con el recuerdo de lo que ya pasó aquel hombre con ambición desordenada, con orgulloso menosprecio extendido, con insolencia por sus éxitos, conseguidos con rapacerías, siendo reo de su avaricia y vileza y que despilfarró todos sus bienes. La porción más sagrada de nuestra época está en la memoria del hombre bueno; se sustrae al poderío de la fortuna; se encuentra fuera del alcance de los sucesos humanos; únicamente corre peligro ante las flechas de la indigencia, de las enfermedades, de los miedos... Su posesión esta asegurada para siempre, no puede ser arrebatada ni turbada.

* * *

Ustedes consideran como un mal el que todos los seres que los aman desaparezcan de la vida, aunque exista tanta inconsecuencia en gemir como en llorarlos cuando caen las hojas de estos maravillosos árboles que adornan sus casas. Todas las personas que ustedes aman son únicamente árboles en pleno verdor, a quienes la suerte hace caer las hojas, más o menos pronto, más o menos tarde. Sin embargo, si se soporta sin sufrimiento que sean arrebatadas, debido a que van a renacer un día no muy lejano, no nos debemos entregar a la tristeza y desesperación por la pérdida de seres queridos, encanto de nuestra vida, porque, aunque no se renueven igual que las hojas, los volveremos a encontrar.

* * *

El más grande de todos los servicios que nos ha prestado la naturaleza es el de que, sabiendo por qué sufrimientos nos hacía pasar, ha imaginado que es una costumbre en nosotros, por la cual nuestros desconsuelos se calman y nos familiarizamos rápidamente con los males, incluso los más graves. Nadie podría resistir si la permanencia del padecimiento hubiera sido tan sensible como su acometida inicial.

* * *

Debemos amar a la vejez. Vamos a echarle los brazos al cuello. Dejemos que ella nos abrace: tiene muchos dulzores para aquel que los sabe apreciar bien... Se prefieren más los frutos cuando se pasan de maduros, y la niñez es más hermosa cuando ella se acaba; igualmente los bebedores hallan mucho más encanto con las últimas copas de vino, no con las consumidas y que terminan de embriagarles. El placer reserva para el final lo que tiene de más provocativo. La vejez, en efecto, posee encantos hasta al alcanzar la caducidad. Pienso que existen placeres que gustan casi al mismo borde del sepulcro o, al menos (lo que se remplaza con los placeres), porque ya no tenemos necesidad de ellos.

* * *

Una enorme cantidad de disparos se dirige contra nosotros. Unos ya nos han herido; otros son ajustados y partirán rápidamente; otros nos rozan al paso para ir a golpear en otro lado. No debemos ser sorprendidos por los sucesos para los cuales nacimos, no doliéndonos de los que son comunes a todos los seres humanos. Hablo de que son comunes porque hubiéramos podido sufrir del que hemos escapado. Debido a eso, las leyes son justas cuando se hicieron para todos los hombres, no cuando son cumplidas por todos los hombres.

* * *

Ahora, ¿quién es la persona tan presuntuosa y frívola para suponerse la única exceptuada de las leyes de una necesidad por la cual la naturaleza lleva todo al mismo fin? ¿Quién, cuando el mundo entero se encuentra amenazado por el mismo peligro, va a pretender sustraer el propio hogar? Es un enorme lenitivo creer el que nada es solo funesto para nosotros, sin que no lo hayan experimentado todos los seres humanos antes que nosotros, y que, después de nosotros, todos experimentarán. Considero, por tanto, que la naturaleza ha hecho el mayor de sus males común para todos con el propósito de que el rigor del destino sea dulcificado por la igualdad.

* * *

El bien soberano es indestructible e inmortal, por tanto, no engendra el arrepentimiento ni tampoco la saciedad. Un alma recta nunca cambia ni se puede disgustar a sí misma, ni hallar mejoramiento por llevar a cabo, debido a que ella siempre ha seguido el mejor camino. En cambio, la voluptuosidad se desvanece en el mismo instante en que es más penetrante. Se acaba rápidamente porque está muy limitada. Nos produce languidez una vez pasada la primera impresión. Asimismo, ¿qué fuerza puede tener una cosa cuya esencia es el movimiento que viene y pasa repentinamente, y cuya misma alegría la obliga a morir? El término de la voluptuosidad es la alegría, el principio de su fin es su inicio.

* * *

Las capacidades del cuerpo y del alma concurren con el fin de formar esta razón siempre armoniosa, siempre segura, que nunca duda en sus ideas, en sus juicios, en sus opiniones. Con esta unanimidad de todas las partes del hombre, con esta especie de concentración, con este hermoso orden, forma el auténtico carácter del hombre dichoso. Entonces no hay en él más escollos, más engaños, más caídas, más traspiés; no hay ningún otro maestro que él mismo, ningún suceso que no sea previsto, ninguna incertidumbre, ningún extravío, ningún obstáculo. Ustedes pueden afirmar de manera decidida que el bien soberano es la armonía del alma. Las virtudes se deben encontrar donde reinan la unidad y la concordia, ya que los vicios siempre se encuentran en estado de guerra.

* * *

El patrimonio del sabio es una voluptuosidad siempre igual, siempre libre de miedo, nunca cansada de sí misma. Este sabio, instruido de sus deberes para con los hombres y los dioses, disfruta del presente sin depender de lo que le deparará el futuro. La tranquilidad no es para quien se deja conducir hacia ese futuro incierto. De esta manera, quien no se entrega a vergonzosas preocupaciones que destrozan el alma, no existen para él ni deseos ni inquietudes, ni se pone en manos de la inconstancia del destino, vive contento de sí mismo, y no piensen ustedes que se contenta con poco. Con él está toda la naturaleza.

El hombre sabio entre los demás hombres

Este universo que ustedes ven, el cielo y la tierra comprendidos en él, es únicamente un todo, un cuerpo enorme del cual somos los integrantes. Al formarnos para el mismo fin y con los mismos principios, la naturaleza nos ha hecho hermanos; debido a esto nos ha inspirado una benevolencia recíproca, con la cual podemos demostrar nuestra sociabilidad. Es quien ha establecido la equidad y la justicia, ya que, en virtud de sus leyes, será más desgraciado hacer el mal que recibirlo; quien nos dio brazos con el fin de ayudar a nuestros semejantes. Entonces, tengamos este verso de Terencio en la boca y en el corazón: «Nada de lo que concierne al hombre me es indiferente, porque yo soy un hombre».

* * *

No hay nada más propio que el trato de las personas de bien para purificar un alma, para fijar sus incertidumbres, para corregir la inclinación de sus vicios. Estas personas, con sus simples acciones, con sus alocuciones, ejercen una influencia decisiva hasta el punto de transmitirla hasta lo profundo de nuestros corazones y de perpetuarla en normas. El encontrarnos con estas personas representa un beneficio para nosotros: siempre hay algo que se puede aprovechar, aunque sea únicamente con su conversación. Explicar a través de qué mecanismo logro ser mejor sería muy difícil para mí, pero yo me doy cuenta de que lo consigo. Platón dijo en el *Fedón* que hay animales cuya mordedura es insensible: tal es la delicadeza de su dardo que disimula el daño; sin embargo, la hinchazón nos impide poner en duda la picadura, aunque no veamos en ella ningún vestigio de la herida. Pues igual sucede con la amistad de los sabios: no distinguirán cuándo ni cómo resultan, en forma inversa, útiles; sin embargo, lo comprobarán ustedes mismos.

* * *

Tenemos la necesidad de ser instruidos, de tener a nuestro lado a un consejero virtuoso y escuchar al menos una voz autorizada en medio del tumulto y del fragor estridente que tenemos alrededor. Pero ¿cuál será esta voz? La que va a deslizar palabras angelicales en sus oídos, aturdidos por los clamores de la avaricia, y la que les advertirá: «No envidien la suerte de las personas a quienes el vulgo considera felices y poderosas. Estén prevenidos para que los aplausos de la muchedumbre no rompan el equilibrio de sus almas y no enturbien la paz de la que disfrutan, ya que el estruendo militar y la púrpura no los deben desviar de su calma. No piensen que está más contento quien distribuye los cargos que aquel que se ve alineado y mandado por el lictor. Destierren sus vicios si quieren disponer de gran favor y utilidad beneficiosos para ustedes, sin que sea en detrimento de los otros».

* * *

Las virtudes, todas, tienen unas con otras el afectuoso vínculo de la amistad y, por consecuencia, es muy agradable y de mucha utilidad para nosotros amar de otro las virtudes en conformidad con las nuestras y, mutuamente, que otras nuestras ejerzan la misma influencia con las que tenga él. Es querer todo aquello que se nos parezca, en especial cuando se trata de cosas honradas y dignas de una aprobación recíproca. Y decimos más: no hay ningún sabio en el mundo que, por su sabiduría, pueda causar impresión en el alma de otro sabio, como no existe ningún hombre que pueda impresionar por la razón en el alma de otro hombre. Del mismo modo que es necesario razonar para influir en la razón, se necesita un razonamiento perfecto para obrar sobre la razón perfecta. Se dice que son útiles aquellos que nos suministran ventajas materiales, como la seguridad, la plata, el crédito y todo lo que es necesario y agradable en la práctica de la existencia, y en este sentido podemos decir igualmente del hombre insensato que es útil al sabio. Sin embargo, ser útil en el sentido como lo entendemos nosotros es conmover un alma, por la energía de la persona de la cual se trata o por la nuestra propia. Esto no puede practicarse sin beneficio para el mismo a quien es útil, ya que, sin ejecutar nuestra propia virtud, sería imposible practicarla con otro.

* * *

No tener nada que excite su codicia y no poseer nada que nos haga señalar es el mejor medio para evitar la esperanza de los perversos; es que todo cuanto sobresale, hasta sin ser bien conocido, se hace desear. Con el fin de esquivar la envidia, es conveniente no atraer su atención ni jamás hacer ostentación de los bienes, y saber disfrutar interiormente la felicidad.

El fruto de las ofensas es el odio, y lo debemos evitar no atacando a ninguna persona con un propósito premeditado, injusticia contra la cual es suficiente el buen sentido para ponernos en guardia, porque sus consecuencias han sido tan dañinas para el bien de las personas. Existen casos en que, sin haber tenido enemigos, nos atraemos el odio. De manera que la dulzura de nuestro carácter y la medianía de nuestra fortuna van a impedir que se desconfíe de nosotros, y nadie nos va a tener miedo cuando sepa que puede ofendernos sin riesgo.

Es conveniente, además, que nuestra reconciliación con cualquiera sea segura y fácil. Es muy triste, tanto en la casa como fuera de ella, hacerse temer de los hombres libres y de los esclavos. No existe enemigo pequeño ni que deje de tener suficiente fuerza para dañar. Agreguen a esto que ninguna persona se puede hacer temer sin temerse a sí mismo ni ser terrible con certeza.

Solo queda el desprecio que, cuando se es menospreciado por quien lo ha querido así y no por quien lo mereciera, se puede extender o encerrar en sus límites. Por el estudio de las letras y por la amistad de quienes siguen las inspiraciones de las personas famosas se nos preserva de estos problemas; sin embargo, es necesario interesarse y no encadenarse, por miedo a que el remedio no resulte más caro que la propia enfermedad.

No hay nada más eficaz que mantenerse sereno y entretenerse mucho consigo mismo y un poco con el trato de los otros. La conversación tiene atractivos favorables, pero que descubren de manera insensible los secretos, como el amor y la embriaguez: repite lo que ha escuchado decir y no se limita a lo que ha escuchado. Aquel que no calla una habladuría, tampoco calla quién es el autor de lo ocurrido. No hay ninguna persona que no tenga un amigo de su completa confianza, en quien la deposita. Se ha limitado a sincerarse con una sola persona y ha contenido, con sensatez, el prurito de hablar. De boca en boca, tendrá conocimiento de ello por toda la ciudad y, muy pronto, se convertirá en un rumor público lo que antes era un secreto.

La base de la seguridad está en no cometer ninguna injusticia. La persona que no sabe contenerse pasa su vida con la confusión y turbación. Siente temor de manera proporcional al mal que hace. Jamás está sin angustia, ya que las alarmas vienen después del delito, fijándose esos desasosiegos en el alma. A los malhechores, el testimonio de sus conciencias no les permite pensar en otra cosa, puesto que les conduce todo el tiempo a ellos mismos: repentinamente, al castigo cuando lo esperan, y lo esperan cuando lo

EL LIBRO DE ORO

temen. El hombre con una conciencia depravada puede hallar la seguridad, sin embargo, jamás sentirse en seguridad. Se cree descubierto, aunque esté escondido. Está intranquilo incluso durmiendo. Cuando se habla de cualquier crimen, se piensa en el propio delito, jamás disimulado y borrado. Un criminal tiene instantes de felicidad, pero jamás la certidumbre de que no lo van a descubrir.

No hay nada más placentero que una amistad leal y dulce. ¡Qué felicidad disponer de una persona en cuyo corazón podamos depositar todos nuestros secretos con total seguridad, con cuya discreción contamos todavía más que con la nuestra! ¡Una persona cuya conversación esquive nuestros desasosiegos, cuyas recomendaciones nos hagan decidir por el partido más sensato, cuya alegría disipe nuestra tristeza y, al final, cuya sola vida nos brinde deleite!

✳ ✳ ✳

Cuando entablo una amistad, ¿cuál es mi objetivo? El de tener alguien a quien acompañar en el destierro, una persona a quien salvar, sacrificando incluso nuestra propia vida; un amigo por quien morir.

✳ ✳ ✳

Dice Hecatón: «He aquí un filtro sin encantamiento, sin drogas, sin hierbas: amen, y los amarán». La costumbre de una amistad sólida y antigua tiene dulzores; no los tienen menos los primeros momentos de una naciente amistad. Para el labrador, sembrar y cosechar son dos placeres;

obtener y poseer un amigo son también dos satisfacciones para el hombre sabio. Attalus, el filósofo, no tenía preferencia por el amigo antiguo con respecto al amigo actual, igual como un pintor concede su predilección al acto de componer que al de haber compuesto su pintura. Los cuidados y la intranquilidad de la composición inspiran, en plena efervescencia del trabajo, una alegría muy dulce. Cuando la obra ha recibido la última mano, el placer no es el mismo. Puliendo y saboreando el arte mismo con el trabajo es cuando se disfruta más con los frutos del primero.

* * *

Considerar a alguien un amigo y no tener la misma confianza en él que consigo mismo, es engañarse inútilmente e ignorar la extensión de la amistad verdadera. Que tu amigo sea el confidente de todas tus reflexiones, pero que él haya sido antes objeto de ellas. Objeto de la confianza, luego de estar formada; del discernimiento, antes de formarla. Es violar la regla de Teofrasto, confundir los deberes, comprometerle sin conocer y romper cuando se conozca. Mediten largo tiempo sobre la escogencia de un amigo: y ábranle de par en par todas las puertas de sus almas después de que estén decididos.

* * *

Mantener siempre la apariencia de la amistad al ingrato o la misma amistad, si él regresa a la virtud, es sabio. La persistencia en la bondad triunfa sobre los malos. ¿Dónde se encuentra el hombre insensible por demás, e igualmente enemigo de toda virtud, que no desee a la larga un beneficio más poderoso que la injuria? La impunidad de la ingratitud llegaría a ser una nueva obligación.

¿Por qué buscar un amigo únicamente en el foro o en el senado? Se puede hallar sin salir de sus casas. Con frecuencia los mejores materiales se pierden por carencia de obreros, y solo se trata de realizar un ensayo. Pero ¿qué pensarían ustedes de un hombre que, queriendo comprar un caballo, no pensara en el animal y únicamente mirara el freno y la montura? No existe una locura más grande que la de no juzgar al hombre más que por la profesión o por los vestidos, que es, por decirlo de alguna manera, el hábito de la persona moral. ¿Es un esclavo? Pues tal vez posee un alma libre. ¿Es que ha cometido un crimen? ¿Es que acaso no lo son todos los hombres?

* * *

Una persona es verdaderamente justa y verdaderamente grande si aprecia a sus mismos enemigos cuando demuestran heroísmo, cuando fallecen de manera abnegada por la salud y la libertad de su patria, ya que desea para la suya ciudadanos parecidos y soldados similares. Odiar a un hombre que se aprecia es vergonzoso. Jamás hay una razón poderosa para odiar a quien debería provocar la misericordia. Por ejemplo, va a ser un esclavo reducido de repente a la esclavitud quien aún mantiene huellas de libertad, quien no se presta solícitamente a las funciones difíciles y viles de su nueva situación. Habituado a una vida sedentaria, no puede seguir a la carrera al carro de su amo o al caballo; quedará derrotado por el sueño, porque estará cansado por las vigilias jornaleras; trasladado de la ociosidad de la ciudad a una de las tierras de ustedes, evitará los trabajos excesivamente rudos o únicamente los ejecutará de una forma débil. Entonces, distingamos entre la voluntad perjudicial y la impotencia, pues vamos a encontrar bastantes inocentes si los juzgamos fríamente antes que cegarnos por la furia.

* * *

Cuando se es amigo se ama, sin embargo, cuando se ama y no es amigo para esto, el amigo es útil siempre; el que ama puede dañar en algunas ocasiones. Entonces, trabajar, aunque solo sea para aprender a ser amigo. Pero, apresúrense, aún pueden obtener beneficios; después, su aprendizaje sería para otro. Es verdad que disfruto anticipadamente soñando que vamos a formar una sola alma; que, pese a la poca diferencia de nuestras edades, la fuerza de la de ustedes reemplazará a la caducidad de la mía. Sin embargo, yo deseo una felicidad más real. Sin ninguna duda, un amigo, aunque alejado de nosotros, provoca alegría, pero una alegría pasajera y débil. La presencia, los cuidados, la vista le dan más vida a la alegría, principalmente si el amigo que se anhela aparece tal como le anhelamos. Preséntenme el más hermoso de los regalos, su persona; y, para ser más diligentes, sueñen que son viejos, que ustedes son mortales. Antes que nada, aprovéchense de la ciencia de su maestro, de acuerdo con ustedes mismos. Esa es la prueba más segura de sus progresos, mírenla aquí: examinen lo que quieren hoy y lo que quisieron ayer. La mudanza de voluntades anuncia un alma flotante, conducida de un lado a otro, para acá y para allá, de acuerdo con la intensidad del viento. Si tuviera una base fija y asegurada, quedaría inmóvil; sin embargo, tal felicidad únicamente pertenece al sabio o al que va a serlo. ¿Cuál es la diferencia entre ellos? El primero jamás experimenta una sacudida; el segundo la recibe, pero sin quedar desplazado.

El dolor se desvanece con el tiempo, solo queda una voluptuosidad muy dulce en lo profundo del mal. De acuerdo con Attalus, «la idea de nuestros amigos, cuando viven, es dulce como la miel; y cuando mueren, está mezclada de amargura; se conoce que las amarguras son excelentes para el estómago». Pero yo no pienso igual. Siempre me agrada el recuerdo de un amigo, lo mismo luego de su fallecimiento. Cuando estaba vivo, yo esperaba perderle; después de haberle perdido, yo creo tenerlo aún.

* * *

¿Ustedes creen que yo predico la insensibilidad? ¿Que los exhorto a seguir el cortejo fúnebre de su hijo con la cabeza levantada? ¿Que yo no permito que sus corazones sufran? De ningún modo: eso sería falta de humanidad, y no valentía, el mirar los funerales de sus allegados con los mismos ojos que si los vieran vivos, y sin dejar de conmoverse en el primer instante de la separación. E incluso cuando yo lo prohibiera, existen movimientos totalmente independientes de la voluntad: derramarán las lágrimas los mismos que hagan el esfuerzo por retenerlas; es que su efusión es un gran alivio para el alma. Vamos a permitir que aparezcan, pero sin forzarlas; que corran tanto como las imponga muestro sentimiento, sin que las contraiga el deseo de imitar a otros. No incrementemos nada al sufrimiento ni acrecentemos la fe como modelo de otros sufrimientos. Así la ostentación es más exigente que el propio sufrimiento.

* * *

Frecuentemente, el sabio puede llorar sin que por ello comprometa su dignidad; sin embargo, contiene su sufrimiento dentro de límites tan justos, que no se envilece dejando ver su sensibilidad. Yo lo digo de nuevo: sin disminuir su buena fama, se puede abandonar a los movimientos de la naturaleza. Yo he visto a personas muy respetables ir a los funerales de sus hijos. Sus rostros llevaban impresa la dulzura paternal, sin evidenciar un dolor afeminado: en ellos solo se observaba la alteración que producen los sentimientos irreprimibles y sinceros. El sufrimiento tiene una decencia que debe observar el sabio; como en todo lo demás, hay un final en las lágrimas en el que es necesario detenerse. Entonces, solo los ignorantes se entregan a pasiones, tanto en el sufrimiento como en la alegría.

* * *

Si los muertos no pueden resucitar por los sollozos y las

lamentaciones; si el destino es inalterable y sus juicios son irremediables, no conmoviéndose por la intensidad de la desgracia; si la muerte jamás suelta a su presa, pongamos fin a un sufrimiento frívolo e inútil, aprendamos a regular su curso y jamás permitamos que su violencia nos arrebate.

* * *

Estoy de acuerdo con ello, el ser humano quiere de manera natural a su cuerpo; estoy de acuerdo con ello, es su dueño, sin embargo, no le sirve, aunque le asiste. ¡Mientras le ha esclavizado es cuando se ha hecho su dueño, mientras le rinde todo, mientras tiembla por él! Lo tratamos como si no podemos vivir sin él y no como debiendo vivir para él. ¿Le amamos excesivamente? Más seguridad, más tranquilidad, más descanso; siempre sufrimientos, cuidados y miedos. No vale nada la virtud cuando el cuerpo vale mucho. Vamos a cuidar el cuerpo, pero sin inclinarnos a lanzarlo a las llamas a la primera señal del deber, de la razón, del honor. Salvémoslo, no obstante, de los males ante la más fuerte razón del peligro, mientras que está con nosotros. Con el fin de ponerlo seguro, vamos a pensar por momentos en los medios que necesitamos para contrarrestar los ataques peligrosos. Lo medios mencionados se limitan a tres: a temer la violencia, las enfermedades y la pobreza. Así, de estos tres temores, el primero no proporciona las mayores seguridades al alma, debido a que la tiranía se anuncia con el fracaso y el ruido. Las enfermedades, los males naturales y la indigencia se deslizan de manera silenciosa, no asustan a las miradas ni a los oídos. Todo el aparataje de la tiranía es mucho más imponente: marcha cercada y escoltada con armas, con cadenas, con hierros, con fuego, con animales feroces prontos a volvernos pedazos. Imagínense que sufren los calabozos, las agujas de hierro, las cruces, los potros; los instrumentos que cruzan de lado a lado; las túnicas impregnadas de materias inflamables; los carros que, conducidos en dirección opuesta, desgarran las extremidades; imagínense, en pocas palabras, todas las invenciones de la crueldad, y no se sorprenderán de que, con todas estas torturas tan diversas, con una exterioridad tan espantosa, la tiranía provoca tanto pánico. Si el martirio es tanto más eficaz cuantos más instrumentos de tortura usa, de la misma forma el ser humano invencible al dolor se deja derrotar y doblegar por la vista, puesto que entre tantos motivos que nos horrorizan, el que tiene más poder es el que dispone de mayor cantidad de martirios ante nuestros ojos. La fiebre abrasadora, la sed, el hambre, la pulmonía son padecimientos bastante graves; sin embargo, no se les ve, llegan sin escolta, sin cortejo, mientras que esos instrumentos son como los ejércitos temibles ante cuya vista el enemigo depone las armas, porque se llena de terror.

* * *

Existen personas que en las encrucijadas difunden lo que solo debe confiarse a un amigo, y descargan el secreto que les pesa sobre el primer caminante. Existen otras personas que sienten temor de confiarse a sus amigos más íntimos, y esconden su secreto en lo profundo del alma y, de ser posible, se lo esconderían a sí mismos. Debemos evitar estos dos defectos. Es que no confiar en nadie y confiar en todo el mundo son dos excesos: mayor seguridad en el primero, y en el segundo, menos generosidad.

* * *

Si la recompensa de la virtud es la gloria, debe, igual que ella, no morir jamás. Indudablemente, los elogios del porvenir no nos conmoverán; sin embargo, pese a nuestra falta de sensibilidad, ella no nos va a dirigir menos felicitaciones. Hay seres humanos a quienes la virtud les ha demostrado su gratitud durante su existencia y luego de su muerte. Y estos son aquellos que la han seguido de buena fe, sin encubrirse ni disfrazarse, siendo todo el tiempo lo que fueron, ya sea porque intentaron alcanzarla, ya sea porque les entrara en sus casas de repente. La hipocresía es algo inútil, el tinte ligero de un barniz superficial únicamente puede seducir a pocas personas. Por cualquier lado que se la mire, la verdad es la misma siempre. La falsedad es inconsistente: la mentira se puede ver al trasluz si se pone un poco de atención, porque es transparente.

* * *

Perjudicar a la patria es un crimen y, en consecuencia, a un ciudadano, quien es parte integral de aquella; tan sagrada la mencionada parte como las otras cuando es respetable el todo. Por ende, es aún mayor crimen dañar a un hombre que es su conciudadano en una sociedad mucho más amplia. ¿El ojo está dispuesto a dañar a la mano, y la mano al pie? No, sin ninguna duda; todos los órganos y extremidades están de acuerdo para que la preservación del todo dependa de las partes. Por el mismo motivo, los seres humanos se perdonan los unos a los otros; nacieron para la sociedad, y la sociedad no puede perdurar sin la identificación y la unión de quienes la integran.

* * *

Impulsar a los oyentes hacia el amor de la virtud es muy fácil, porque la naturaleza imprimió los fundamentos en todas las almas, y nosotros poseemos todos los gérmenes y estamos predispuestos para las acciones más sublimes. Los consejos de un filósofo despiertan dos fuegos que se encuentran adormecidos en nuestras almas. ¿Ustedes no recuerdan cómo los aplausos retumban en los teatros cuando se narran máximas que el pueblo toma por verdades porque las siente? Escuchen estas: «La indigencia está carente de muchas cosas; sin embargo, la avaricia lo está de todas, ya que un hombre avaro no es bueno para ninguna persona, y menos todavía para sí mismo». Hasta la persona más vil aplaude, encantada de ver cómo se condenan sus vicios en el teatro. ¡Cuánto más grande no será el efecto ocasionado cuando quien relate dichas máximas sea un filósofo!

* * *

En mi opinión, no hay hombres que dañen más a la humanidad que los que han tomado la filosofía como un oficio para lucrarse, y que viven de otra forma que no enseña a vivir, puesto que ellos mismos se ofrecen como ejemplo de lo inservible de la ciencia, como esclavos de todos los vicios contra los cuales se enfurecen. Un maestro de este temperamento no puede ser más útil que un capitán de una embarcación que se marea cuando comienza la tormenta. ¿Cómo dominaría el timón? ¿Cómo lucharía contra los abismos y las montañas de las olas? ¿Cómo podría desplegar las velas con la furia de los vientos? ¿Para qué puede ser útil un marinero que vomita? ¿Acaso la vida no está expuesta de la misma manera a las tormentas mucho más aterradoras que las que enfrenta cualquier navío? Así, se trata de gobernar, no de charlar. Todo lo que ellos narran a la muchedumbre que aplaude, todo lo que dicen, no les pertenece: es lo que dijeron Posidonio, Crisipo, Platón, Zenón y la enorme multitud de filósofos. Entonces, ¿cómo ellos podrán probar que los dogmas de aquellos son suyos? Yo deseo que, tal como lo dicen, aprendan a ponerlos en práctica.

* * *

Ustedes me dirán que es más honroso gastar el dinero en libros que usarlo en pinturas y en comprar velas de Corinto. Cualquier exceso es un vicio. ¡La forma de perdonar a una persona es la de que, luego de mandar construir a sus expensas armarios de ébano y de cedro, luego de haber juntado las obras de autores menospreciados o desconocidos, no asegure, entre tantos libros, que lo único hermoso que tienen son las encuadernaciones y los títulos! Encontrarán, en las casas de los hombres más haraganes, la colección completa de los historiadores y oradores, y cuadros por todas las estancias, hasta llegar al techo de la vivienda. Actualmente, en los mismos baños y termas se pone una biblioteca como decoración necesaria. Si obedeciera a un amor excesivo por el estudio, yo podría disculpar este delirio; pero no si se buscan con tanto cuidado los retratos y las obras de los hombres más célebres con la finalidad de adornar muros y paredes.

* * *

Podemos asegurar que los que diariamente conversan con Teofrasto, Aristóteles, Zenón, Pitágoras, Demócrito y los otros maestros y guías de las ciencias y las costumbres están cumpliendo con sus verdaderos deberes. Es que ninguno de estos hombres famosos va a dejar de recibirlos bien, ya que todos los que llegan a sus escuelas no las van a abandonar sin amarlos más cada día, sin irse con las manos vacías y sin encontrarse más felices. Dadas estas circunstancias, cada cual puede abordarlos a su modo, igual de día como de noche; ninguno de ellos mandará que mueran, sino que les enseñarán a morir de buena manera; ninguno de ellos va a ser el motivo de que pierdan el tiempo, sino que les entregará el suyo; ninguno de sus discursos acarreará infortunios sobre ustedes, pues no les costará nada el obtener sus favores ni su amistad entrañará su pérdida.

* * *

Es conveniente, para curarnos, separarnos de la multitud, ya que el vulgo siempre lucha contra la razón en favor de sus males. De esta manera llega a suceder lo que vemos en las asambleas del pueblo, o cuando ha terminado de intrigar el compadrazgo, que se erigen como magistrados, para nuestro asombro y escándalo, los mismos que nos dieron nuestros votos.

* * *

Yo jamás acerco ante mis ojos todo cuanto atañe a los seres humanos. Dispongo de otra luz más segura y fiel. Está en nuestra alma. Con ella se deben descubrir las excelentes cualidades de todas las almas.

* * *

Aseguraba Fabio que no había disculpa más vergonzosa para un general que decir: «Es que yo no había pensado en eso». Este mismo pretexto es el más vergonzoso para todos los seres humanos. Piensen en todo, espérenlo todo, puesto que encontrarán alguna rudeza en las costumbres mismas, por muy agradables que puedan ser. La naturaleza humana produce amigos impíos, avaros, insidiosos, ingratos. No juzguen a los hombres más que después de hacerlo con toda la especie. Hallarán muchos motivos de miedo hasta en el seno mismo de la alegría; mil principios de turbación que todavía no están descubiertos se encuentran escondidos bajo una calma aparente. Aguarden siempre mil obstáculos inesperados. Cuando despliega las velas, un navegante sabio tiene siempre prontos los aparejos para arriarlos en caso de que lo necesite.

* * *

Cuando nos engaña la buena suerte, no se está oprimido por la mala. Los que están a merced de sus obsequios, considerándolos personales y durables; los que se han inflado de vanidad están abatidos, llorosos, debido a que sus almas pueriles y frívolas, insensibles a cualquier placer sólido, se ven privadas de estas diversiones momentáneas y engañosas; sin embargo, no queda consternada por ninguna revolución aquella persona a quien la prosperidad no ha enorgullecido: como ya pudo probar su firmeza, se muestra invencible en todas las circunstancias y se estuvo preparando contra la adversidad en el propio seno de la felicidad.

* * *

Dentro de sus males, piensen en no entregar al sufrimiento más tributo que el que pide, y no el que determina la costumbre. La mayoría de las personas derraman lágrimas por alardear de ellas, ya que, cuando no tienen espectadores, tienen los lagrimales secos. Por el contrario, cuando todo el mundo llora, se considerarían deshonrados sin no lloran.

* * *

Es necesario analizar la condición de las cosas humanas, con el fin de juzgar los acontecimientos con imparcialidad: no hay nada más injusto que hacer responsables a los hombres de todos los vicios de la especie. Los cabellos rubios pasan inadvertidos entre los germanos, así como un rostro negro entre los etíopes; una cabellera trenzada no es algo indecente en un hombre que pertenece al último pueblo. En pocas palabras, no achacarán ningún crimen a un particular atribuyéndole lo que es común a todos los de su país. Los ejemplos que acabo de presentar únicamente están autorizados por el uso de una sola nación, de un rincón de la tierra, sin embargo, ¿cuánta mayor razón no existirá para hacer gracia a los vicios comunes con la especie humana? Es que todos nosotros somos imprudentes, inconsiderados, inconstantes, muy ambiciosos, camorristas, y para no tratar de disfrazar con palabras más melifluas nuestro sufrimiento general, todos nosotros somos unos malvados. De este modo, todos los vicios que se recriminan a los otros, los lleva cada uno en su interior. Entonces, ¿por qué señalar la grosería de uno, la palidez del otro? ¡La peste epidémica es colectiva!

* * *

El crimen tanto de las sociedades como de los hombres es la ingratitud. Que cada persona se reconcentre en sí misma, que no haya nadie que se duela por un ingrato. Si todo el mundo se duele es que todo el mundo está en el derecho de dolerse. De esta manera, todos los seres humanos son ingratos. Sin embargo ¿no son algo más que ingratos? Todos son holgazanes, codiciosos, envidiosos, y principalmente aquellos que parecen más audaces. Agreguen que todos son unos impíos y todos unos ambiciosos. Pero no los odien por eso. Todos son unos insensatos: Perdónenlos.

* * *

Cultivemos la humanidad, no seamos peligrosos ni temibles para nadie mientras que respiremos, mientras que vivamos entre los seres humanos. Vamos a ponernos muy por encima de los sarcasmos, de las burlas, de las pérdidas, de las injurias, de los insultos. Vamos a sobrellevar con valentía estos problemas que deben durar tan poco. La muerte se presenta ante nosotros en tanto que vemos hacia atrás y nos detenemos.

* * *

El apodo de «Padre de la Patria» únicamente ha sido otorgado a los príncipes para hacerles conocer que se les ha otorgado el poder más moderado de todos, el paternal: sacrificar su interés por el de sus hijos y velar solo por el bien de ellos. Un padre no acepta, sino lo más tarde que se pueda, cercenar una de sus extremidades; y hasta luego de la amputación querría ponerse en su lugar; solloza durante la operación, a la que se resignó después de haberla diferido por un tiempo muy largo. Aquel que condena rápidamente está muy cerca de condenar con gusto: la severidad excesiva es bastante similar a la injusticia. En nuestra época se ha visto al pueblo, en la plaza pública, acribillar a golpes de estilete a Erisón, caballero romano, por haber hecho morir a su hijo a latigazos y fustazos. Y la autoridad de Augusto solo le pudo arrancar con pena de las crueles manos de hijos y padres.

* * *

El principal deber de un rey, ¿cuál es? El de un padre que dirige a sus hijos, unas veces con recriminaciones, otras con amenazas, y en alguna ocasión se ve obligado a golpearles. Pero ¿qué hombre sensato deshereda a su hijo desde el primer agravio? No debe apelar a los medios extremos si la cantidad y la importancia de las ofensas no hacen que se pierda la paciencia, si las faltas que teme no llegan hasta el grado de imponerle una condena; se experimentan todas las prácticas de atraer una voluntad indecisa, o que se inclina hacia el mal, a la virtud. Únicamente ejecuta la severidad al no haber otra solución, ya que, cuando pierde toda esperanza, termina por aplicar el riguroso castigo. La compasión viene en auxilio no solo de la inocencia sino también, frecuentemente, de la misma virtud, debido a que las circunstancias transforman en punibles algunas de las acciones más favorables.

* * *

El relámpago, cuando cae, solo hiere a pocos hombres, y horroriza a todos. Igual ocurre con los castigos de la suprema potencia, que ocasionan menos perjuicios que pánico. Es con razón: en el hombre que todo lo puede, se considera más lo que hubiese podido hacer que lo que hace.

* * *

La prerrogativa más poderosa de una alta potencia es el poder de salvar, jamás tan digna de envidia cuando ella comparte el poder con los dioses, para el beneficio de los cuales, malos o buenos, disfrutamos de la luz. ¿Que un príncipe, entonces, a ejemplo de la divinidad, considera con amor a los súbditos que son útiles y virtuosos? ¿Que conserva, por hacer número, a los que no lo son? Es que tolerará la existencia de los primeros y deseará la existencia de los segundos.

* * *

No hay nada más dulce que vivir rodeado de la satisfacción pública y de los votos que jamás sean dictados por el miedo de la delación o de la mínima sospecha de coacción, no de la esperanza, sino de la inquietud. El encontrarse rodeado de hombres dispuestos a entregar lo más precioso que tengan con el fin de rescatar la vida de su jefe, ¡y mirando como propios los bienes y los males que le sucedieran! El soberano, para estos radiantes testimonios de su bondad, hace comprender que él es la república, aunque la república no es para él. ¿Quién tendrá la osadía de hacerle caer en alguna emboscada? ¿Quién no desearía parar por sí mismo los golpes de la fatalidad asestados a la cabeza de un rey bajo cuyo imperio el mérito, la justicia, el pudor, la seguridad, la paz representan su timbre de gloria, ya que el Estado enriquecido está muy abundante en todos los bienes gracias a su celo? Todos los hombres contemplan a su maestro con la misma devoción que ellos rendirían a los dioses si estos se mostraran a los seres humanos. ¿No es, efectivamente, honroso tener el primer puesto luego de estos, actuar de acuerdo con su naturaleza y ser igual que ellos, liberal, compasivo, poderoso para labrar la felicidad de las personas? Es esta la perfección a la cual es necesario aspirar. Ser el más grande únicamente por ser el más virtuoso: este es el modelo que es necesario presentar.

* * *

¿A qué se debe que los rayos que lanza Júpiter solamente son favorables, y son perjudiciales y destructores los que lanza a instancia de los otros dioses? Es que Júpiter, o sea, los reyes, únicamente tienen necesidad de ellos mismos para hacer el bien, sin embargo, para hacer el mal, tienen necesidad de consejo. ¡Oh, ustedes a quienes los seres humanos han confiado el poder soberano, aprendan que el rayo mismo solo es lanzado luego de una deliberación! ¡Supliquen los consejos, reflexionen bien sus advertencias y recapaciten que Júpiter no tiene suficiente con sus propias inspiraciones para herir!

* * *

El cauteloso oído del tirano se encuentra siempre abierto a todas las delaciones; da la impresión de que les tiene miedo, al mismo tiempo, a los dioses y a los mortales vengadores y testigos de sus delitos, en especial cuando ha llegado a tal punto de perversidad que ya no puede cambiar de comportamiento. Efectivamente, la crueldad, entre otros males, tiene el de impedir el regreso a la virtud y el de exigir la perseverancia. Es necesario sostener con otros nuevos crímenes a los anteriores. ¿Quién más desdichado que el ser humano obligado a ser una persona perversa? Y es que un tirano es digno de misericordia (me estoy refiriendo a la suya, porque sería un crimen la de los otros) cuando únicamente ejerce su poder para las rapiñas y los asesinatos; cuando le es sospechoso todo lo que lo rodea, tanto dentro como fuera de su castillo; cuando las armas son el único recurso que le queda, armas a las que les tiene verdadero afecto; cuando desafía la ternura de sus hijos y el cariño de la amistad; cuando reflexiona sobre los crímenes que ha cometido y los que le quedan por llevar a cabo; cuando descubre su conciencia desgarrada por los remordimientos y manchada por los actos crueles. Si siente temor a la muerte con frecuencia, la desea con más frecuencia, menos odioso aún a sus esclavos que a sí mismo.

✳ ✳ ✳

En el mundo no existe un animal más proclive a encabritarse que el hombre, y debido a esto su comportamiento reclama una maestría especial, y más indulgencia los defectos de aquel. ¡Avergonzarse por enfurecerse contra las fieras del monte, y por hacer sentir al hombre el yugo del hombre mismo, es una auténtica locura! Se deben tratar las enfermedades sin ira: puesto que los vicios son enfermedades del alma que piden y necesitan un médico sin arrebatos y un tratamiento dulce. Únicamente la persona ignorante es quien desespera para eximirse de sanar. De aquel modo es como se debe conducir el soberano que está encargado de la salud colectiva: que no desespere muy tarde; que luche contra los vicios y los resista; que no se apresure a decir que la enfermedad causará la muerte; que avergüence a los unos de su dolencia, que distraiga a los otros con paliativos. De esta manera, la cura será rápida y eficaz. El príncipe no solo debe curar, sino tratar de que no queden cicatrices deshonrosas. ¿Qué gloria logra un monarca con un castigo cruel que obliga a poner su imperio en duda? Sin embargo, ¿quién no le va a proclamar como verdadero príncipe si pone un freno a las pasiones, si llena de elogios, si libra muchas víctimas de la furia de los otros y no inmola a nadie con la suya?

* * *

¡Oh, Alejandro, yo te lo demando! ¿Qué diferencia había entre el hecho de exponer a Lisímaco a pelear con un león y el de destrozarle con tus pobres dientes? ¡Su ferocidad era la tuya; sus garras, tu boca! Indudablemente, tú habrías deseado encontrarte armado de garras, de colmillos tan punzantes como para engullir a un mortal. De ti yo no hubiera exigido que tu brazo, fatal a tus amigos más estimados, hubiese sido compasivo con ninguna persona; que tu alma cruel, azote de los países, se hubiera de saciar sin efusión de sangre y sin homicidios. En cambio, yo hubiera apelado misericordia ante ti para que tus amigos escogieran un verdugo.

Aquí vemos lo que tiene de más abominable la crueldad: en primer lugar, pasa de los límites de las leyes; luego, de los de la humanidad; trata de aplicar nuevas torturas; llama a la industria en su auxilio; imagina instrumentos para prolongar y variar el sufrimiento; para ella es un regocijo el espectáculo de las torturas. Así, esta espantosa enfermedad del alma llega a su plenitud con la demencia, cuando no tiene ningún miramiento la crueldad transformada en placer y la destrucción del ser humano en pasatiempo. Semejante monstruo está abocado al acero vengador, a la ruina, al veneno, al odio; se hace temer de todos porque tiene, al mismo tiempo, muchos peligros que temer.

Las contrariedades de un buen ciudadano no son estériles: su callada firmeza, su presencia, su apariencia, sus discursos, sus modales, su misma diligencia son útiles. De la misma manera como hay remedios cuyo solo olor resulta eficaz, aparte del contacto y del sabor, lo mismo ocurre con la virtud, ya que, escondida y apartada, extiende su beneficiosa influencia a lo lejos, bien porque posea la libertad de ampliarse y hacer uso de los derechos, bien porque se le restrinja al mínimo y coarte y que se le obligue a plegar sus velas. Jamás deja de ser muy útil, aunque esté muda, ociosa, dueña de mostrarse a toda luz o limitada. Y bien: ¿ustedes miran como inútil el ejemplo de una persona que sabe tranquilizarse?

Quien piense que el dar es una cosa fácil se engaña. Se hallan más dificultades de las que se creen cuando se desea consultar a la razón, con el fin de no repartir beneficios a ciegas y al azar. Yo cumplo con uno, me anticipo con otro, auxilio a un tercero, atiendo a las necesidades de aquel para que la pobreza no le consuma y extravíe, me apiado de este. Naturalmente que habrá personas a las que no les daré nada, a pesar de que lo necesiten, porque, dándoles lo que se les dé, siempre van a ser pobres. Por el contrario, también habrá a quienes ofreceré mi dinero y les obligaré a que lo reciban. Es que no puedo permanecer inconmovible ante una cuestión de tanta importancia, y, por ende, jamás pondré mejor mi dinero que cuando lo entregue.

* * *

Solamente se enriquece más por la ruina de otro. Se desprecia a los desgraciados y se detesta a las personas dichosas. Los primeros, oprimidos por los poderosos, toman venganza en los más débiles. La propia alma es la presa de mil pasiones diferentes. Se sacrificaría al Estado entero por el placer más insignificante y el mínimo beneficio. La sociedad es parecida a una escuela de gladiadores: luchamos unos con otros y todos tenemos que pasar la vida juntos; pero como una agrupación de animales feroces. ¡Peor que estos, que respetan a sus semejantes y viven unos con otros de manera apacible! Los seres humanos disfrutan cuando se despedazan unos a otros. La rabia de los hombres devora al mismo pecho que los amamanta; las fieras se domestican con los que les dan de comer.

* * *

Apartémonos de la doctrina de Epicuro, cuando afirma: «Jamás hay justicia absoluta. No necesita evitar las malas acciones, ya que no puede evitarse el consiguiente temor». Sin embargo, creamos con el filósofo que la conciencia es la que se encarga del castigo de los crímenes, porque ella le imposibilita al malvado el confiarse en las mismas garantías de su seguridad y siembra inquietudes perpetuas en él.

* * *

La demencia ha extendido también sus dominios sobre naciones enteras, no reina solo entre los particulares. Siempre castigamos a los asesinos y criminales, pero son atentados gloriosos las matanzas de los pueblos y las guerras. La crueldad y la codicia no conocen barreras, pues estas pasiones son menos fatales y menos monstruosas cuando se encuentran entre los hombres y solo se ejercen en secreto. Sin embargo, aquellos crímenes son autorizados por la voluntad del pueblo y por decretos del Senado. Se demanda a la nación lo que se prohíbe a los ciudadanos: acciones que son punibles cuando se llevan a cabo de forma secreta, pero que reciben aplausos cuando se ejecutan de manera pública. Los más dulces de los animales, los hombres, disfrutan degollándose mutuamente, haciendo guerras, transmitiéndolas a sus hijos como herencia, mientras que la paz reina entre los que carecen del don de la palabra: los animales feroces.

Si nosotros no sabemos soportar las ofensas, arreglémonos de forma que no las recibamos, tratemos con gente de condición fácil y dulce; evitemos a las personas molestas e irascibles. Se adquieren, de un modo insensible, los defectos de quienes están a nuestro alrededor, y las enfermedades del alma se transmiten por contagio, igual que ciertos padecimientos del cuerpo. Un ebrio hace que amemos el vino; la sociedad de los depravados debilita, a la larga, al hombre más firme, y la ponzoña de la avaricia se traspasa a todo aquel que se acerca a ella.

En sentido opuesto, las virtudes causan el mismo efecto: reparten su dulzura a todo el que se les aproxima. La salud del clima beneficia menos a los enfermos que el trato de las personas virtuosas a las almas aún indecisas. Ustedes se convencerán de ello mirando a las mismas fieras domesticarse entre nosotros. Viviendo con los hombres, las más bravías se despojan de su ferocidad y, paulatinamente, olvidan su feroz temperamento. Añadan a todo esto que no tan solo se benefician con ejemplos edificantes a través del trato con la gente pacífica, sino que también están imposibilitados para practicar su vicio dominante y para tener mal carácter.

* * *

Ya sea con los iguales, ya sea con los superiores, ya sea con los subalternos, es necesario abstenerse de la ira. Es que con los iguales la venganza es incierta; con los superiores, es un acto demencial; con los subalternos, una infamia. No existe hombre infeliz y débil que no regrese el mal con el mal. Las hormigas y las ratas muerden la mano que les ataca; desde que se les toca, los animales sin fuerza se creen heridos. Y nosotros estamos en el deber de calmarnos comparando los beneficios con la injuria del que suscita nuestra ira y pensando en todos los servicios que nos ha prestado.

Más todavía: representémonos la gloria que da la reputación de piedad, y cuánto ha contribuido a hacer amigos útiles el perdón de las ofensas. Jamás extendamos nuestra furia a los hijos de nuestros enemigos personales o públicos. Una de las crueldades más grandes de Sila fue la de conducir al destierro a los hijos de los expatriados. ¡Hacer que un hijo herede el odio que se tenía al padre es una gran injusticia!

* * *

El cielo radiante y puro es el aspecto que tiene un imperio gobernado con mesura y paz. Las tinieblas, la oscuridad y el desorden reinan dentro de la tiranía; con el menor ruido, un temblor frío y colectivo se extiende a todos, hasta el punto de que el mismo que lo promueve no se ve libre de esas sacudidas. La saña de la venganza se les perdona más a los particulares: se les ha podido injuriar y su resentimiento está basado en una ofensa. Asimismo, temer al perdón de las ofensas y al desprecio podría parecer en ellos no un acto de compasión, sino una debilidad excesiva. Sin embargo, cuando la venganza es fácil, quien se abstiene puede tener la plena certeza de que será apreciado por su dulzura. Pero, dentro de una condición privada, están más tolerados los arrebatos de la rabia, las disputas, los gestos amenazadores, las reyertas, debido a que los golpes son leves entre personas que poseen la misma fuerza. Sin embargo, para un príncipe son cosas poco dignas de la majestad de su condición, el hablar excesivamente alto y el utilizar expresiones poco mesuradas.

* * *

Se necesita desterrar las conjeturas y las sospechas que habitualmente nos engañan y nos causan irritación. Este hombre no me ha abrazado, este otro no me ha saludado con la debida cortesía, ese otro me quitó la palabra, aquel no me invitó a comer, yo he mirado cierta antipatía en el rostro de otro hombre... y así mil otras sospechas para las que jamás van a faltar excusas. Vamos a poner menos delicadeza en ello y tomemos siempre las cosas por su lado bueno, que es por donde debemos tomarlas; no pensemos que lo evidente es lo que nos ofende la vista, y reprendámonos nuestra credulidad en todas las ocasiones en que nuestras sorpresas sean falsas. Estas recriminaciones nos van a acostumbrar a no darnos crédito tan ligeramente

Deténganse cuando una discusión se enciende y prolonga: la pelea se alimenta por sí misma, únicamente se sale de ella cuando se ha avanzado mucho. Es mucho más difícil abandonar el combate que abstenerse de él.

* * *

El maestro de gimnasia Pirro aconsejaba de manera especial a los atletas que jamás se enojaran. Él decía: «La furia hace que la destreza sea inútil, porque no piensa en detenerse, sino únicamente en golpear».

* * *

La dureza de un general solamente se ejerce con las faltas de los particulares, ya que la clemencia se impone cuando el culpable es todo el ejército. ¿Cuál es la razón que reprime la rabia del hombre sabio? Lo es la multitud de las personas culpables. Él sabe de sobra que sería peligroso e injusto ofuscarse contra los vicios colectivos.

* * *

Ustedes dirán, ¿por qué yo no me enfurezco contra un ladrón? ¿Por qué no me encolerizaré contra un envenenador? No, no me encolerizaré cuando se me haga una sangría. Los castigos son únicamente remedios a mis ojos; sus extravíos dan comienzo ahora; sus caídas son frecuentes, no graves; en un comienzo, voy a ensayar con ustedes regaños particulares, seguidos luego de regaños públicos. Sin embargo, el mal de ustedes está excesivamente arraigado como para ser curado solo con discursos. Los va a atacar la infamia misma. Necesitarán un castigo más sensible y más fuerte. Van a ser desterrados a lugares no conocidos. Su perversidad despiadada pide soluciones mucho más fuertes. Contra ustedes se usarán la cárcel y las cadenas. Su alma es incurable, su vida es solamente un gran tejido de crímenes. No son otras razones (y ellas jamás les faltan) las que los llevan a pecar; la única razón de ustedes para hacer el mal es el solo placer de hacerlo; ustedes han bebido hasta las heces en la copa de la corrupción y la maldad, y de esta manera es que se ha arraigado en ustedes y no puede salir de ustedes. Ya hace mucho tiempo, infelices, que buscan perecer. Muy bien: yo les voy a prestar ese servicio, yo los voy a condescender con la locura que los aflige y los tortura; luego de haber ocasionado la desdicha de los otros y la de ustedes, obtendrán de mí la muerte y lograrán el único bien que les queda por esperar. ¿Por qué «sulfurarme en el mismo momento que les presto este servicio»? Algunas veces, la mayor muestra de misericordia que se le puede dispensar a un desgraciado es matarlo.

* * *

No conocer freno es el gran vicio de la ira; se desencadena contra la misma verdad cuando se muestra en contra suya, aunque sea únicamente por los ultrajes, ofensas, gritos, tumultos y convulsiones, que de esta manera es como persigue su venganza. Es que la razón no obra de esta forma: si lo ordena la necesidad, destruye casas enteras de un modo sosegado y en silencio; lo hace extensivo a familias contagiosas para el Estado, con las mujeres y los niños, arrasa y derrumba los edificios mismos; destruye a un gran número de enemigos de la libertad. Hace todo esto sin menear la cabeza, sin rechinar los dientes, sin herir la dignidad del juez, cuya cara jamás debe tener más serenidad que cuando pronuncia una sentencia espantosa.

* * *

Las fuerzas que la exaltación por la fiebre o las enfermedades dan a los pacientes son funestas, pasajeras y mortales para ellos mismos. Entonces, no piensen que yo pierdo mi tiempo atacando a la rabia, ya que aún se encuentran personas que creen que es útil, y que un filósofo insigne le reserva un papel, la ve como un inicio de energía en los detalles de la administración, en los combates, en todas las circunstancias, en pocas palabras, que demandan algo de pasión. Puesto que no se engaña, no presume más que en algún tiempo, en algún lugar, sirve muy bien a quien sea, mostrándonos su locura, sus arrebatos, su rabia; entregándonos todos sus caballetes, su aparataje, sus cuerdas, sus cruces, sus calabozos, sus llamas, con las que alumbra alrededor de los infelices, que ordena enterrar a medias dentro de una sepultura; los garfios, con los que arrastra los cadáveres; las numerosas especies de torturas, trampas, suplicios, marcas que imprime sobre las frentes, las cavernas, en donde alimenta a las bestias feroces destinadas para despedazar a las víctimas de sus rabias... Aquí está el cortejo en medio del cual es necesario poner a la ira lanzando silbidos pavorosos y agudos, más espantosos mil veces que todos los instrumentos que son útiles para su arrebato y su furia.

* * *

Ustedes dirán que los castigos no son necesarios algunas veces. Sí, indudablemente; sin embargo, es preciso que sean infligidos por la ocasión y la razón. No son males, entonces, solo tienen la apariencia, sino auténticos remedios. Igual que se introduce un bastón torcido en el fuego, con el objetivo de enderezarlo, para extenderlo y no para resquebrajarlo, igual es necesario corregir, con el sufrimiento moral y el físico, las almas que ha corrompido el vicio.

* * *

La ira tiene avidez de venganza, disposición que está poco de acuerdo con la naturaleza pacífica del corazón del hombre. Las bases de la vida humana son la concordia y los beneficios. Lo que forma las asociaciones de los seres humanos no es el terror, sino el afecto y las ayudas mutuas.

* * *

Los animales ignoran que al encolerizarse se debe perdonar. Les son desconocidas todas las pasiones humanas. Únicamente tienen impulsos, que son parecidos a aquellas, sin las cuales les sería imposible conocer el amor sin conocer también el odio; la contrariedad sin la armonía; la amistad sin la enemistad. Entre los animales irracionales también se encuentran algunos vestigios de estas afecciones; sin embargo, ellas son propias del alma del hombre, con las cuales constituyen la desdicha o la felicidad. Las ideas, la previsión, el discernimiento solo han sido concedidos al ser humano. Los animales están privados hasta de los vicios de la humanidad y no únicamente de las virtudes.

* * *

Es necesario corregir a la persona que peca, ya sea por

consejos, ya sea con la severidad, ya sea por la fuerza, ya sea con la dureza. Se necesita hacerlo más útil para él mismo y para los otros, sin enfado, aunque con castigo si lo requiere. ¿Acaso un médico se enfurece contra su paciente?

* * *

La razón no llamará en su socorro a los impulsos vehementes y ciegos sobre los cuales jamás se podría sostener un imperio, y que ella solo podría reprimir oponiéndole pasiones que tengan la misma fuerza, como el miedo a la rabia, el deseo al temor y la ira a la pereza.

* * *

Teofrasto afirma que es imposible que la persona de bien no se enfurezca contra los perversos. De esta manera, cuanto fuera más virtuoso, debería ser un tanto más irritable. Pero vemos que, en cambio, el hombre virtuoso es el más sereno, el más enajenado de las pasiones. Sin aborrecer a ninguna persona, ¿por qué odiar a las que hacen el mal? A estas, el error las arrastra al vicio. No ser sabio sería detestar a los que están en el error. Si hiciera tal cosa, se odiaría a sí mismo, recordando en cuántas ocasiones se habría despreocupado de las normas morales, y cómo nuestras propias acciones necesitan de indulgencia, de comprensión. Acabaría, entonces, por enfurecerse contra sí mismo; ya que un juez ecuánime, imparcial, no posee dos balanzas: una para los otros y otra para sí mismo.

* * *

Ustedes dirán: pero ¿qué decisión tomará el sabio si recibe una bofetada? Va a hacer como Catón, quien, luego de ser golpeado en el rostro, no se enfureció ni tomó venganza y hasta no pensó que tuviese que perdonar esta ofensa, asegurando que nunca la había recibido. Al negarlo tuvo mayor grandeza de alma que al perdonarlo. Sin embargo, nosotros no controlaremos los nervios hasta ese punto. ¿Quién no sabe que el sabio no ve con los mismos ojos que las otras personas las cosas que reciben el nombre de bienes o males? Nunca se preocupa con lo que la plebe mira como funesto o vergonzoso. Es parecido a los astros, cuya marcha es contraria a la de nuestro mundo, debido a que él toma el camino opuesto al de los otros.

* * *

El ser escandaloso podrá ser dañino, temible y ruidoso; sin embargo, jamás tendrá la verdadera grandeza de alma, debido a que esta únicamente tiene a la virtud y a la fuerza por sostén y apoyo.

* * *

Sextius señala que hay personas a las cuales les convendría verse enfurecidas frente a un espejo, ya que en ese momento se asombrarían de manera extraordinaria cuando se dieran cuenta de la espantosa alteración de su rostro hasta el punto de reconocerse cometiendo un delito in fraganti.

¡Pero de esto, cuán mínima porción de su monstruosidad reflejaría la imagen que está representada en el espejo! Si el alma se pudiera mostrar al descubierto, si algún cuerpo bruñido la pudiese reflejar, su apariencia nos confundiría en mayor grado: la veríamos hinchada, contrahecha, tenebrosa, excitada y manchada. ¿Cómo se mostraría desnuda si ofrece tanta fealdad a través de la carne, de los huesos y de otros mil obstáculos?

* * *

Se cuenta de Vatinio, hombre que nació para ser objeto del ridículo y de la burla, que fue un bufón muy agradable gracias a sus ocurrencias. Se mofaba de sí mismo por las cicatrices escrofulosas de su garganta y sus pies gotosos. Por esto se supo cuidar de las burlas de sus enemigos, en un número mayor que sus dolencias, y principalmente de las sátiras de Cicerón. Si un descarado se pudo extralimitar de esta manera, luego de haber perdido la vergüenza, ¿por qué razón aquel que está consagrado a la sabiduría no puede alcanzar las mismas ventajas para sí? Agreguen a esto que es una especie de venganza aquello de arrebatar o privar del placer de hacerlo a los que se proponían ofender. Efectivamente, se les escucha decir: «¡Soy un desgraciado! ¡Nadie me entiende!». Es una gran verdad que el fruto de un insulto consiste en el sentimiento que provoca en quien lo experimente. Por otro lado, aquel que insulta no puede dejar de encontrar, tarde o temprano, que alguien los vengue de él.

* * *

Enfurecido contra uno de sus esclavos, Platón no se pudo dominar lo suficiente para retardar la rabia y le dio la orden al culpable de que se quitara la túnica para golpearle. Le iba a dar los golpes con su propia mano y ya alzaba el brazo con tal finalidad. Sin embargo, se dio perfecta cuenta, en aquel mismo instante, de que estaba dominado por la rabia y se quedó paralizado, permaneciendo en la actitud de tener el brazo levantado y preparado para golpear. Uno de sus amigos, que estaba presenciando todo, le preguntó cuál era la causa de aquella indecisión. El filósofo respondió: «Yo castigo a un insensato». Atónito por el estado en el que se acababa de sorprender a sí mismo, se proponía mantener esta continencia amenazadora tan indigna de un sabio, pues se había olvidado de su esclavo, debido a que otro reclamaba un castigo más urgente: su propia conciencia.

* * *

Sócrates, por toda señal, mostraba su rabia hablando menos y bajando la voz. Se le notaba claramente que en ese momento peleaba contra él mismo. Sus allegados le cogían in fraganti y hacían que se diera cuenta de ello; sin embargo, los reproches que le dirigían no tenían nada de desagradables para él. Al contrario, ¿no se debía aplaudir que todo el mundo notase su ira sin que nadie la sintiese? Al haberla sentido, él no hubiese dado a sus amigos este derecho de regaño que usaba para sí mismo. Entonces, ¿con cuánta mayor razón no debemos nosotros aconsejarnos el mismo comportamiento? Roguemos a nuestros amigos que utilicen con nosotros la sinceridad, en especial en los instantes menos indicados para padecerla, exigiéndoles que jamás se presten para perdonar nuestra ira. Cuando estamos dueños de nosotros mismos y con la razón fría, suplicamos su auxilio contra un mal, tanto más dañino cuanto más nos guste y atraiga.

* * *

Un beneficio, ¿qué representa? Es la representación de un acto de generosidad que da alegría a la persona que es objeto de aquella y a la misma que la procura, como un acto espontáneo y voluntario. Entonces, no está en relación con la cosa hecha o dada, sino con la intención que es necesario apreciar, debido a que el beneficio no consiste en el regalo o en la acción, sino en la disposición de ánimo del que da o hace.

* * *

Es innecesario que el beneficio vaya acompañado de la ofensa, ya que la impresión de las ofensas es mucho más profunda que la de los servicios, toda vez que estos se borran rápidamente, mientras que la memoria preserva aquellas fielmente. ¿Qué se puede esperar de una persona que nos ofende para forzarnos? Sería suficiente con reconocer y dar semejante beneficio y con perdonar a la persona que fue beneficiada.

* * *

Reciban el beneficio con alegría, quiéranlo, estén complacidos de no recibirle, sino de que se lo quiten y de ser el deudor, ya que en tal caso no tendrían el miedo de que la suerte los volviera desagradecidos. Yo no les propongo obstáculos que no puedan superar. No se desanimen ni se dejen aterrar por la perspectiva de los trabajos de servidumbre prolongada. No les concedo ningún plazo: paguen inmediatamente después. Jamás serán agradecidos si no muestran su gratitud de inmediato. ¿Y qué tienen que hacer para esto? Yo no les recomiendo que tomen las armas, que quizás un día las van a necesitar; que recorran los mares, sin que tal vez se encuentren obligados a embarcarse con un viento tormentoso. ¿Quieren renunciar a su beneficio? Recíbanlo con alegría y, ya entregado, no crean haber pagado, sino que encontrarán mayor paz con su deuda de agradecimiento.

* * *

En el momento en que creamos poder aceptar, expresemos nuestra gratitud, atestigüemos nuestra satisfacción, mostrémosla a nuestro benefactor con la finalidad de que recoja el fruto de su beneficio de inmediato. Si ver a un amigo feliz es un legítimo motivo de alegría, lo es en un grado mayor cuando uno es el autor de esa felicidad. Vamos a mostrarnos sensibles al beneficio por la efusión de nuestros sentimientos en todas las ocasiones, no solo con él.

Hacer un primer pago de intereses es con lo que se puede comparar el aceptar un beneficio con placer.

* * *

Luego de tantos ejemplos, ¿podemos dudar de que un dueño no reciba beneficios de su esclavo en algunas ocasiones? ¿Por qué la persona será quien corromperá la acción y no la acción quien va a ennoblecer a la persona? Todos los seres humanos descendemos de un origen común, todos estamos formados de los mismos principios. No hay nadie es más noble que otro sino cuando le supera en talentos y virtudes.

* * *

Es necesario hacer justicia a Epicuro al convenir que se queja permanentemente de nuestra falta de agradecimiento con el pasado. Nos recriminaba por no recordarlo con frecuencia y de poner en el número de los goces los bienes de los que hemos disfrutado, sin que los experimentáramos al arrebatársenos: en caso contrario, la voluptuosidad. Sin embargo, los bienes actuales no nos pertenecen completamente y los ha tasado la casualidad; pero los bienes pasados son un tesoro que no nos puede faltar. ¿Qué gratitud se espera de una persona que lo único que ha hecho es volar del hoy al mañana? La que otorga el agradecimiento es la memoria y es robado a la memoria todo lo que se da a la esperanza.

* * *

La persona agradecida saborea una estable y constante voluptuosidad, ya que se ofrece aún más sensible al propósito del benefactor que a la misma cosa recibida. El hombre ingrato disfruta únicamente una sola vez con el beneficio, el agradecido disfruta todo el tiempo.

* * *

Cuanto menos se espere el beneficio, la gratitud es tanto mayor, ya que la espera del bien se encuentra mezclada con desasosiegos, y como un beneficio es comúnmente un remedio de cualquier necesidad, permitir sufrir a una persona que se puede aliviar de inmediato, el diferir su alegría, es matar su beneficio propio. La generosidad siempre es diligente, puesto que se obliga con prontitud cuando se lleva con benevolencia. Cuando no es de esa manera, que retarda, difiere y deja para uno u otro día, o a largo plazo, es que fata la inclinación. Con lo cual se puede comprobar que con esto se dañan dos méritos muy grandes: beneficio y prontitud de la benevolencia. No querer es querer muy tarde.

El sabio frente a la muerte

Se acerca la muerte. Si viniera a sentar sus reales sobre todos nosotros, sería de temer. Sin embargo, es necesario que pase de largo o que no llegue hasta nosotros. Ustedes dirán que es difícil llevar el alma al desprecio de la muerte. ¡Eh! ¿Ustedes no ven que razones frívolas la hacen despreciable diariamente? Un fugitivo que se apuñala de miedo entre los hierros de la cárcel, un amante que se ahorca a la puerta de la mujer que quiere, un esclavo que se lanza desde un tejado para librarse de los malos tratos de su dueño. ¿Dudan ustedes de que la valentía pueda realizar lo que el exceso de miedo ha hecho?

* * *

A la muerte se le debería despreciar, sin embargo, ese desprecio no está generalizado, se le cargan demasiadas faltas en cuenta. Da la impresión de que los hombres más famosos, auténticos genios, se hayan querido exceder con el fin de incrementar el horror de la muerte, ofreciéndola de manera metafórica como una cárcel subterránea, una zona amortajada y sepultada en una noche perpetua, en la cual, según el poeta, «el custodio de los Infiernos, encumbrado dentro de ese antro encima de un sinnúmero de esqueletos llenos de sangre, espanta con ladridos eternos a las sombras de los que alguna vez fueron».

* * *

Es que la muerte no duele. Es necesario vivir todavía para sentirla. Si para ustedes, no obstante, tiene tantos encantos una existencia larga, piensen que de esta enorme mezcla de sustancias que se esfuman ante nuestros ojos con el fin de entrar otra vez en el seno de la Naturaleza, de donde salieron ellas y saldrán aún, ninguna es destruida. Nada muere, todo cesa. Esta muerte que rechazamos con horror no arrebata la vida: únicamente la suspende. Va a llegar el día en que el hombre restituirá la luz: día fatal e inevitable, negado tal vez, si un olvido profundo no lo acompañara.

* * *

De manera que la muerte es el no ser lo que se era antes. Luego de mí, será como antes: Yo conozco este estado. Si después de la muerte se sufriera, también se habría sufrido antes de llegar a este mundo; sin embargo, nosotros no sentimos ningún mal. Díganme, ¿no es necesario ser un insensato para encontrar menos funesta una lámpara cuando está encendida que cuando está apagada? Por lo tanto, nosotros somos lámparas: la Naturaleza nos apaga y nos enciende. Hay algunos males que padecer durante el intervalo más acá, y una seguridad absoluta más allá.

* * *

El ser humano es una perfecta imagen del mundo: la materia es su cuerpo, Dios es su alma. ¡Que la sustancia menos noble obedezca, entonces, a la otra! Vamos a desafiar los golpes del destino, no sintamos miedo ni por la miseria, ni por las ofensas, ni por las heridas ni por las cadenas. La muerte, ¿qué es? Es un tránsito o un final. Yo no tengo ningún temor de concluirlo. Es como si yo nunca lo hubiese empezado. Ni tengo miedo de pasarlo, puesto que yo no estaría en ningún lado tan constreñido como en mi propio cuerpo.

* * *

En algunas ocasiones un viento imperceptible cansa a los navegantes por el aburrimiento de una calma chicha, les pone en tensión y los impacienta, mientras que en otras oportunidades una brisa regular los lleva a su destino con mucha rapidez. Tal es la naturaleza de nuestra vida: a unos, ella los lleva temprano allí donde es necesario llegar demasiado tarde o pronto; y a otros, los abruma y atormenta por su lentitud; sin embargo, sepan ustedes que no se está obligado a guardarla, y que la felicidad es para vivirla bien, no para vivirla.

* * *

Cuando regulamos nuestras disposiciones testamentarias, al final de nuestra vida, ¿hacemos algo diferente que distribuir beneficios inservibles para nuestros seres queridos? A pesar de esto, ¡cuánto tiempo utilizado! ¡Cuántas discusiones realizadas en secreto con el fin de fijar los herederos y las sumas! Pero ¿qué nos pueden importar las razones de nuestra beneficencia, cuando no podemos esperar nada de ellas? Sin embargo, jamás estamos más reflexivos ni nos juzgaremos de una manera más profunda que cuando, desposeídos de cualquier interés personal, solo la honestidad se muestra ante nuestros ojos. En cambio, nosotros nunca podemos juzgar a nuestros deberes, desfigurados siempre por el miedo, la esperanza y la voluptuosidad, como vicios de los hombres cobardes. Cuando la muerte envía un juez incorruptible para que distribuya las herencias, cuando ella calla todas las pasiones, escogemos a los más dignos para legarles nuestras riquezas. Jamás arreglamos todos nuestros asuntos de mejor manera que cuando tengan menos importancia para nosotros.

* * *

Cada uno de nosotros camina hacia la muerte, por eso es un gran error temerle a nuestro fin. Precisamente este es el punto en que caemos nosotros, que ocasiona nuestra debilidad y lo único que hace es declararla. Es cierto, el último de nuestros días hace que lleguemos a la muerte, sin embargo, todos los anteriores nos han acercado. Ella no nos empuja con violencia, sino que nos conduce con dulzura.

* * *

Yo tengo el recurso de la muerte contra las ofensas de esta vida.

* * *

No nos engañaremos si miramos a los muertos como ausentes. Esto es solo una separación breve y temporal, ya que ellos se fueron antes, se nos adelantaron, y muy pronto nosotros los vamos a seguir.

* * *

La persona que diariamente ha dado la última mano a su vida no necesita del tiempo que tanto requiere aquella que se entrega al miedo: esta sed del futuro que reseca nuestra alma. No existe estado lleno de más angustia que la incertidumbre por el futuro. ¿Será dichoso o infeliz? ¿Qué tiempo de vida nos queda? Estas son las dos interrogantes en las cuales se concentra el alma; estas son las alarmas para las cuales, sin pausa, es útil como juguete, y de las cuales jamás se puede librar. Entonces, ¿de qué medios dispone para evitar estos estados de inquietud? Únicamente de uno, y es que nuestra existencia no tenga ningún relieve, que esté toda absorta en sí misma. Solo se depende del futuro cuando se permite que el presente se escape; sin embargo, cuando yo me encuentro libre de todo lo que yo debía librarme, cuando mi alma, asentada de manera sólida, sabe que no existe ningún punto de diferencia entre un siglo y un día, entonces ve llegar de lejos los días y los sucesos desde lo alto de su superioridad, y no puede pensar en la continuación de los tiempos con seriedad. ¿Qué turbación pueden ocasionar a un ser humano el cambio, la variedad y la movilidad de las cosas si él está seguro, a pesar de que tenga mucha incertidumbre a su alrededor?

* * *

Aquí, en este bajo mundo, todo es ilusorio, fugitivo y más inconstante que la tormenta; debido a que es una agitación incesante, un pasar continuo de un estado a otro. Solo la muerte está asegurada dentro de este desenvolvimiento prodigioso de las cosas humanas, ¡y todo el mundo se lamenta por el único suceso que no engaña! Ustedes dirán, pero ¿y el fallecer en la niñez temprana? Todavía no les aseguro que aquel que está despojado de la vida tiene el don de regresar a la Naturaleza. Entonces, consideremos a la persona que llegó a una edad avanzada, ¿en cuánto habrá superado al pequeño que nació hace poco? Represéntense la eternidad de este inmenso abismo, hagan una comparación entre lo infinito de los tiempos y lo que nosotros denominamos la edad de un hombre y verán cómo este punto de la duración que nosotros deseamos es imperceptible, el de prolongar la existencia todo cuanto se pueda. ¡De ese espacio de tiempo tan miserable, todavía una enorme porción nos es robada por las lágrimas, por la ignorancia, por la inutilidad, por la desesperación que hace que deseemos la muerte antes que llegue, por las enfermedades, por las inquietudes del espíritu o por los años de abatimiento!

* * *

¡Pobre de mí! ¡Cuán poco conoce el ser humano sus males si no ve a la muerte como a la invención más hermosa de la Naturaleza! Ella rechaza a la desgracia, da fin al cansancio y saciedad del anciano, fija para siempre la felicidad, y si ella siega en flor la juventud en la edad dichosa de la esperanza, por el contrario, impide a la niñez el recorrer las etapas más difíciles de la vida, siendo un final para todos, una solución para muchos, un deseo de algunos, y jamás mostrándose más útil que cuando llega sin que la hayan llamado. Rompe las cadenas de los prisioneros; libra de la cárcel a los que estaban recluidos en ella por la tiranía; da la libertad al esclavo a pesar de su amo. Demuestra al expatriado, cuyas miradas y pensamientos siempre se dirigen y encaminan hacia la patria, que no importa mucho en qué tierra sea enterrado. La muerte nos iguala a todos cuando la fortuna reparte de manera injusta sus dones y esclaviza y somete a un amo a seres humanos nacidos con los mismos derechos. Es la que salva al hombre de cualquier humillación, la que no reconoce soberanía, la verdadera enemiga de toda autoridad. El nacimiento no es un suplicio gracias a ella, yo conservo mi alma para siempre jamás como dueña de sí misma y no sucumbo ante las amenazas de la suerte, también gracias a ella.

* * *

Siempre, la Naturaleza paga a cada cual lo que le prometió; el destino sigue su marcha sin jamás añadir o cortar nada a la suma prescrita; por ende, los deseos y los votos son inservibles. Cada ser humano tendrá lo que le fue asignado desde el primer día: a partir del momento en que sus ojos se abrieron a la luz, ha penetrado por el sendero de la muerte y se va aproximando a su final, y los años añadidos a su adolescencia son otros tantos años que cortamos a la existencia.

* * *

Nuestra equivocación general está en creer que la muerte llega solo hasta el declive de la edad y la vejez, exceptuando la niñez, la juventud y las otras etapas de la vida que sabemos que llevan al mismo final. El destino nos acosa en todas las edades, pero nos oculta el sentimiento de nuestra disolución. De esta manera, la muerte, con el fin de introducirse con más facilidad, se esconde bajo el mismo nombre de la vida: la edad pueril devora o engulle a la primera infancia, la adolescencia a la edad pueril, la juventud a la adolescencia, la vejez a la juventud. Calculen bien y se darán cuenta de que sus progresos son únicamente pérdidas.

* * *

Piensen que los muertos no sienten ningún dolor, que

solo es pura fábula aquello que nos lleva a los infiernos tan aterradores; que no hay nada que temer después de la muerte, ni calabozos, ni acusaciones, ni tribunales, ni nuevos tiranos, ni tinieblas, ni ríos de llamas o de olvido. Es que la muerte es el imperio de la libertad. Los poetas nos han entretenido poniendo en juego pánicos pueriles. La muerte es la prerrogativa y el final de todos los sufrimientos: nuestros males nunca irán más lejos que ella, y nos remite a la placidez y serenidad con la que reposábamos antes de venir al mundo.

* * *

Un acceso de fiebre o cualquier otra enfermedad los obligará muy pronto a renunciar a estos odios tan implacables con la muerte, que pone fin al combate interponiéndose entre los luchadores. ¿Por qué perturbar nuestra vida con discusiones eternas? Siempre, el destino amenaza nuestras cabezas; no nos descuentan todos los días que nosotros perdemos y la muerte se acerca de forma despiadada. Este tiempo que ustedes emplean para la muerte de otro es tal vez el de su propia muerte.

* * *

En este mundo yo no veo nada más hermoso ni nada mejor dicho para atraer la atención de Júpiter que lo que dijo Catón en pie, en medio de las ruinas del mundo, luego de que su partido fuese derrotado: «Que todo el imperio quede sometido a un hombre, que el soldado de César asalte nuestros puertos, que la mar quede sometida por flotas y la tierra por legiones. Catón conoce por dónde salir, ya que mi brazo es suficiente para abrirme paso en busca de la libertad. Este acero, que jamás se ha manchado con sangre romana, se va a señalar finalmente por una proeza gloriosa. Sabrá devolverle su libertad a Catón, a pesar de que ya no pudo devolvérsela a Roma».

* * *

Desprecien a la pobreza, jamás vi otro tan pobre como el estado en que venimos al mundo. Desprecien al sufrimiento, acabará en cuanto mueran. Desprecien a la fortuna, ella no dispone de mejor flecha que la que entra hasta el alma. Desprecien a la muerte, ella es únicamente un pasaje o un final.

* * *

Si el hombre no lo puede evitar, ¿de qué sirve escapar de sí mismo? Somos demasiado débiles para soportar el placer y las tristezas, y lo somos, asimismo, con la carga de los demás y con la nuestra. También por esto algunos hombres han tomado la decisión de morir, dándose cuenta de que, a fuerza de cambiar, no hacían otra cosa que reiniciar el mismo ciclo sin ninguna esperanza de hallar algo nuevo. ¿Por qué siempre lo mismo? Esta frase, que expresa la desesperación de los libertinos, les ha disgustado con la vida, y hasta con el mundo, frecuentemente.

* * *

Nunca ningún hombre me va a provocar el llanto cuando llore o ría. En el primer caso, sus lágrimas le hacen poco digno de las mías; en el segundo enjuga mis lágrimas por sí mismo. ¿Yo lloraría a Hércules por ser quemado vivo? ¿A Catón, por haberse herido a sí mismo? ¿A Régulo, porque lo atravesaron con clavos? Algunos momentos de sufrimiento les han dado a estos grandes hombres el medio de vivir eternamente: han alcanzado la inmortalidad porque la muerte les ha conducido a ella.

* * *

Es necesario combatir la celeridad del tiempo con la prisa en usarlo y considerarlo como un torrente muy veloz cuyas aguas no correrán siempre. De manera admirable, el poeta parece reprocharnos la infinita extensión de nuestras ideas, cuando nos dice que no es la más hermosa edad porque fue la primera, sino fue solo el mejor día. Entonces, ¿cómo pueden ustedes conservar sosiego y calma viendo que el tiempo escapa tan rápidamente? ¿Con qué derecho, prolongando la duración de ustedes en el futuro, se prometen, a medida de sus propios deseos, meses, años y hasta una vida extendida? El poeta solo les habla de un día, incluso un día que huye. Pues no tiene dudas de que el mejor de los días es el primero que escapa y se aleja de los seres humanos infortunados, o sea, de estos que viven con preocupaciones, de los que caminan hacia la vejez sin estar preparados, de los que se verían agobiados con su peso cuando el espíritu aún está como en una especie de niñez. Efectivamente, no tienen nada previsto para cuando se vean asaltados, y en el momento en que menos lo piensen. No están igualmente convencidos de que la muerte nos amenaza diariamente. Una meditación profunda, una charla, una lectura hacen que los viajeros olviden la duración del camino. Antes de haber pensado que se acercaban al final, se encuentran en él. Igual es el viaje veloz y continuo de la vida, que realizamos con el mismo paso, ya adormilados, ya despiertos, las personas ocupadas y preocupadas por sus asuntos, no dándose cuenta hasta el final.

* * *

Juzguen cómo el hombre, nacido para estas investigaciones sublimes, dispone de poco tiempo, incluso cuando lo manejara con la mayor economía. Al imaginar, además, que no debe robarse nada de su tiempo por falta de carácter, que no pierda nada por desidia, que economice la totalidad de sus horas, que la fortuna no le arrebate nada de lo que le diera y que alcance hasta la última etapa de la vida humana, el hombre siempre va a ser demasiado mortal para obtener el conocimiento de todas las cosas eternas.

* * *

¿Por qué alterar la calma de los mares? ¿Por qué razón reunir tantos pueblos bajo el imperio de las armas? ¿Por qué motivo hay que reclutar a sus ejércitos, a sus cohortes,

Antiguo busto de Séneca, parte del Doble Busto
de Sócrates y Séneca.

Ruinas de un templo romano en la ciudad de
Córdoba, España, lugar donde nació Séneca.

Ruinas romanas de Aleria, en Córcega, Francia.
En esta pequeña ciudad romana Séneca vivió
durante un destierro de 8 años.

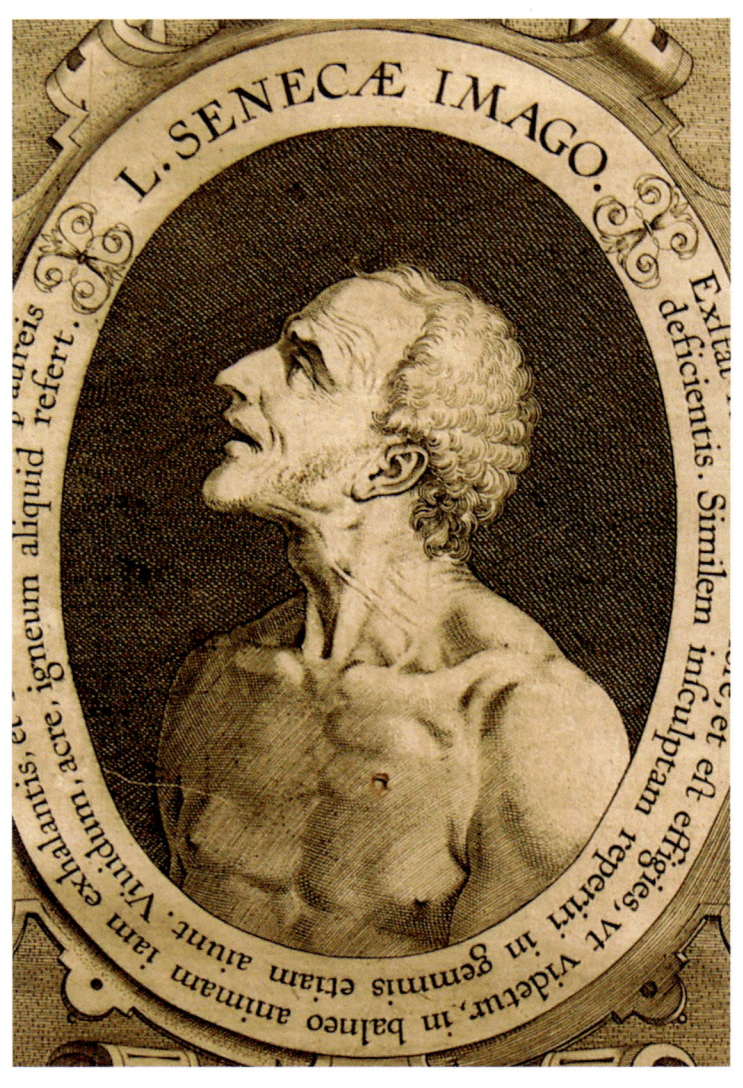

Grabado renacentista de Séneca.

Júpiter y Tetis, pintura de
Jean-Auguste-Dominique Ingres, 1811.

Folio iluminado de una edición de "Cartas a Lucilio" en latín, Roma, hacia 1470.

Estatua de Catón el Joven, senador romano y seguidor del estoicismo, que influenció a Séneca.

Estatua de Epicuro, fundador de la escuela epicúrea
e influencia en la filosofía de Séneca.

"Memento Mori" o representación artística de la inevitabilidad de la muerte. Mosaico romano en Nápoles, Italia. La muerte era un tema común de la filosofía de Séneca.

Platón camina junto a Aristóteles. Detalle de "La escuela de Atenas", fresco de Rafael, entre 1509 y 1511.

Grabado de Zenón de Citio,
uno de los precursores del estoicismo.

Pintura del senado romano, institución a la que perteneció Séneca en su carrera política en Roma.

"Un beneficio de la filosofía, entre muchos otros, y quizás el mayor de todos, es el de que jamás podamos arrepentirnos de sus reflexiones". El Pensador, de Rodin.

"Y la virtud del sabio, ¿en qué consiste? En que, innegablemente, recibe golpes, sin embargo, los amortigua,
resiste y sana". Estatua de un filósofo griego desconocido.

Retrato de Séneca y Nerón,
de Peter Paul Rubens, 1617.

Frontispicio iluminado de una edición francesa de
"Cartas a Lucilio" publicada en latín. Robert Boyvin,
Francia, hacia 1502.

alineados en batalla en mitad de las flotas? ¿Acaso la tierra no es ya suficientemente grande para nuestra destrucción? ¿Indudablemente la fortuna nos trata con una bondad excesiva? ¿Nos ha proporcionado una salud a toda prueba y cuerpos demasiado vigorosos? ¿Nosotros jamás somos las víctimas de calamidades inesperadas? ¿Cada uno de nosotros tiene a su disposición la medida exacta de lo que va a vivir? ¿Es el dueño de alcanzar una vejez prolongada? ¡Entonces desafiemos a las flotas del océano, llamemos en nuestro auxilio una muerte muy tardía! Infelices, ¿qué buscan? ¿La muerte? Ella se encuentra por todos lados, ella los atacará en su propio lecho. Sin embargo, ¡inocentes!, al menos dejen que ella sea la que arremeta contra ustedes. Ella los va a sorprender en sus mismas casas, pero que no los sorprenda atareados en planes criminales. Pero ¿cuál otro nombre que el de la locura le debemos dar a esta cruel necesidad de esquilmar a las personas desconocidas, de dar rienda suelta a la ira sin recibir ninguna ofensa, de arruinar todo lo que se presente y de asesinar sin sentir odio, de llevar a lo lejos el pánico? Al menos, entre las bestias feroces, el hambre o la venganza es lo que estimula sus instintos sanguinarios. ¡Sin ahorrar nuestra sangre ni la de otros, nosotros agitamos la mar con nuestros remos, la cargamos de grandes flotas, exponemos nuestra vida en las olas, suplicamos el favor de los vientos, y los vientos favorables son los que nos llevan a la hecatombe!

* * *

Una persona le comentó a Lelius: «Yo tengo sesenta

años». El sabio le respondió: «¿Estás hablando de los sesenta años que ya no tienes?». Esta necesidad de no calcular los años que hemos perdido, ¿no debía hacernos entender que la vida es algo inaccesible, y que el tiempo nos es ajeno? Grabemos estas palabras de manera profunda en el alma y repitámoslas incesantemente: ¡Morir es necesario! Pero ¿cuándo? ¡Qué les importa! La muerte es el tributo y el deber de los mortales, remedio de todos los males, es la ley de la naturaleza, pues quienquiera que le tema a la muerte terminará por anhelarla. Renuncien a todo por aprender una sola cosa: a no tenerle miedo al nombre de la muerte. Familiarícense con su pensamiento con la finalidad de que estén prontos y preparados a marchar por delante cuando lo exija la necesidad.

* * *

Encontrarás el final de tus males allí, en cualquier lugar hacia donde dirijas la mirada. ¿Tú puedes ver este abismo? Es para que bajes y busques la libertad. ¿Tú puedes ver este pozo, este mar, este río? La libertad está escondida en la profundidad de sus aguas. ¿Tú puedes ver este árbol estéril, deforme y achaparrado? La libertad está suspendida en él. ¿Puedes ver tu corazón, tu tragadero, tu garganta? Son otras tantas salidas para escapar de la servidumbre y de la esclavitud. Sin embargo, todos los recursos que yo te indico son muy difíciles: exigen mucha fuerza de voluntad y valentía. ¿Tú quieres saber qué sendero lleva a la libertad? Te pueden llevar a ella todas las venas de tu cuerpo.

* * *

Vivir bajo el yugo de la necesidad es demasiado duro; sin embargo, no somos obligados a vivir de esa manera. ¿Y por qué razón? Es que uno puede escaparse de ella, debido a que mil caminos conducen a la libertad, son fáciles y rápidos. Entonces, agradezcamos a los dioses porque no retienen a nadie dentro de la vida a la fuerza. Se puede pisotear con los pies a la misma necesidad.

* * *

Muy lejos de ser aterradora, la muerte da el más grande de los beneficios: que no los perturben ninguna de las amenazas de un enemigo, por ende, tampoco su seguridad. Su conciencia los debe tranquilizar, sin embargo, como en algunas ocasiones las sentencias son determinadas por consideraciones extrañas, incluso esperando una determinación imparcial, prepárense para las mayores injusticias. No olviden, principalmente, quitar su aparataje a las cosas, de mirarlas en su esencia y darse cuenta de que lo único que tienen de terrible es el miedo que las antecede. Nosotros ya somos niños grandes, parecidos casi en todo a los pequeños, que tienen temor de sus padres, de sus familiares, de sus compañeros cuando los ven con disfraces. Entonces, sepamos quitarles la máscara tanto a las cosas como a la gente, vamos a contemplarlos con sus rostros propios y naturales. ¿Por qué mostrarme este grupo de verdugos, estos garfios, estos fuegos que bullen a tu alrededor? Oh, muerte, aleja este cortejo con que tú te rodeas para aterrorizar a los temerosos. Ya hace mucho tiempo mi criada y mi esclavo te desafían. Estos látigos, estos potros presentados ostentosamente, ¿qué significan? ¿Este sinnúmero de instrumentos dispuestos a destrozar cada fibra del cuerpo humano? Dejen esos pueriles fantoches. Hagan callar los quejidos, los gritos, las expresiones de sufrimiento que arranca la tortura, ya que solo es el dolor. Yo he visto al desenfrenado, agotado, sostenerle a pesar de su blandura; al goloso menospreciarle, a mujeres jóvenes resistirle en el parto. No es nada si yo puedo soportarle, si no, tiene una duración muy breve.

* * *

El marcharse sin murmurar cuando llegue la hora inevitable no es algo indiferente ni que se aprenda en un instante. Los otros tipos de muerte al menos dejan alguna esperanza: un incendio se puede apagar, una caída nos puede lanzar dulcemente en tierra, sin aplastarnos, una enfermedad se puede sanar; también se ha visto a la misma ola tragarse a un infortunado y devolverlo vivo sobre la costa; igualmente, se ha visto al soldado retirar repentinamente la espada dispuesta a degollar al enemigo. Sin embargo, no hay ninguna esperanza cuando la vejez conduce a la muerte. Si bien es sorda al ruego, es la manera más dulce de morir, pero también la más lenta.

* * *

Convencido de que toco ya el instante de la prueba, que

se acerca el día que me van a juzgar por todos mis días, yo me analizo y hablo de esta manera: «Tus palabras, hasta este momento, no han probado nada ni fueron intérpretes seguros del alma. Únicamente la muerte puede reconocer tus avances. Prepárate para este trance inevitable, donde con la máscara quitada, y sin fardo, tú mismo dirás si el valor se encuentra en tu corazón o encima de tu boca; si tantas palabras arrojadas de un modo furioso contra la fortuna no durarán en tus labios más que la declamación de un comediante. No has conquistado para ti el aprecio de los hombres; concertado con la virtud como con el vicio, no has experimentado nada; deja a un lado estos estudios cultivados durante toda tu vida; tu verdadero juez será la muerte, únicamente la muerte. Yo lo digo otra vez, estas sabias peleas, estos pasatiempos filosóficos, estas máximas extraídas de los libros de los sabios, estas disquisiciones eruditas, no prueban la valentía. ¡Cuántos hombres cobardes hablan como auténticos héroes! El sendero que has recorrido solo será conocido al final de tu carrera. Por tanto: ¿tú aceptas este llamado? ¿Tú no le tienes miedo al tribunal de la muerte?». Considero estos discursos que yo mismo me pronuncio como si los estuviera dirigiendo a ustedes. ¿Son más jóvenes? ¡Qué importa! Es que la muerte no cuenta los años: ustedes no saben en qué lugar los espera; entonces, espérenla en todos lados.

* * *

Es sorprendente la rapidez del tiempo; sin embargo, se necesita mirar atrás para darse cuenta. Si se limita al presente, escapa a la vista, porque jamás deja huellas un andar tan ligero. Todos los tiempos pasados, amigos míos, se reúnen en un mismo espacio, divididos por la misma mirada, confundidos en una sola masa. El depósito de la memoria está en un lado, en otro, un abismo en donde está absorbido todo. ¿Cuando se encuentra en un lugar tan corto pueden ser muy largas las partes? Nuestra vida es únicamente un punto, y menos todavía; sin embargo, la naturaleza ha dividido este punto con el fin de darle una apariencia de amplitud, porque en él distingue la niñez, la adolescencia, la juventud, la madurez y la vejez. ¡Las partes en el interior de un átomo!

* * *

Yo pensaba en el buen vivir antes de llegar a la vejez; hoy solo pienso en el bien morir, o sea, con resignación. Tratemos de no hacer nada que nos aflija. Lo que debe llegar, va a llegar cuando se haga: la necesidad es solamente para los rebeldes y, cuando se someten, no la tienen. El esclavo que recibe las órdenes de su amo sin murmurar, se evita el sufrimiento más grande de la servidumbre y solo hace lo que él desea. El infortunio únicamente está sujeto con repulsión. Entonces, sabemos plegar nuestra voluntad a todos los sucesos y principalmente analizar el fin de nuestra carrera sin tristeza. Prepararse para la muerte es más importante que hacerlo para la vida. Para vivir tenemos suficientes provisiones; sin embargo, la codicia jamás está contenta, ya que siempre le falta y le faltará algo. Esto no va a depender ni de los días ni de los años: el alma es la que hace corta o larga la vida. Yo obtengo de la mía lo que deseo de ella. Me encuentro satisfecho. La muerte puede llegar cuando lo desee.

* * *

Establecer una regla general y determinar si es necesario prevenir o esperar la muerte de la que se está amenazado por una violencia extraña es muy difícil. Pueden alegarse muchas razones en pro y en contra. Si una de las dos muertes resulta sencilla y dulce y la otra dolorosa, ¿por qué no decidirse por la primera? Si escojo la casa que voy a habitar, el navío en el que me quiero embarcar, del mismo modo escogeré la muerte con que me despida de este mundo.

* * *

No hay nada que me parezca más vergonzoso que el desearse la muerte. ¿Ustedes quieren vivir? ¿Por qué, entonces, desean morirse? ¿No quieren vivir? ¿Por qué, entonces, piden a los dioses lo que les tienen otorgado desde que nacieron? Ya está decidido que, incluso a pesar de ustedes, van a morir un día; sin embargo, lo que no está acordado es el que mueran cuando quieran. Lo primero es necesario, lo último va a depender de ustedes.

* * *

Con toda la atención de que la que son capaces, consideren los sucesos de esta vida en sí mismos, y no precisamente con el nombre que se les da, y se darán cuenta de que los pretendidos males son, mayormente, combinaciones felices más que accidentes no agradables. ¡En cuántas ocasiones un suceso al cual se le llama calamidad ha sido la fuente y el momento de la felicidad! ¡En cuántas ocasiones otro suceso, recibido con agrado, ha abierto un abismo, y cuando ha elevado a una persona a una altura muy grande ha sido con la finalidad de hacerle caer desde más arriba! Sin embargo, esta misma caída no es un mal cuando se considera el final más allá del cual la naturaleza no hace caer a ningún ser humano. ¡Tocamos este final y lo hacemos aquí en este mundo! La persona afortunada se verá arrancada de lo que él desea, y la infeliz quedará libre de sus cadenas. Entendamos el bien y el mal, no le prolonguemos por el miedo y por la esperanza. Por ustedes mismos, si son sabios, midan los bienes y los males con la propia condición humana; comprímanse en sus miedos y alegrías. Es preferible tener miedos más breves y una alegría menos larga.

*　*　*

Cuando seamos prudentes para desear poco, calcular por nosotros mismos, medir nuestro cuerpo, reconocer que ni mucho ni poco se puede conservar ni contener durante largo tiempo, vamos a ser sabios. Sin embargo, nada va a contribuir tanto a volvernos calmados y moderados en todas las cosas como la frecuente idea de lo corta que es la vida y la incertidumbre de su duración, porque jamás deben perder de vista la muerte en cualquier cosa que hagan.

* * *

Es que no hay derecho a sufrir por la vida. No retiene a nadie: la naturaleza ha dispuesto las cosas de una forma excelente, todo ser humano es desdichado solo por su causa. ¿Están bien? Vivan. ¿Les desagrada la vida? Pues quedan libres de regresar a los lugares de donde vinieron.

* * *

Hasta para las mismas personas más afortunadas todo es incierto, ya que lo que nosotros tenemos se nos escurre de entre las manos, y la felicidad que tocamos el destino nos la arrebata. El tiempo marcha de acuerdo con leyes fijas, pero misteriosas. ¿Qué me importa que lo cierto para la naturaleza sea incierto para mí? Nos proponemos navegaciones largas y una vuelta tardía a la patria, luego de haber recorrido naciones extranjeras o prestado funciones difíciles en los campos de batalla, seguidas de recompensas y de empleos que se hacen esperar durante un largo tiempo, o sea, de cadenas multiplicadas de manera incesante. Sin embargo, la muerte está junto a nosotros y únicamente pensamos en la de los otros; ante nuestros ojos se presentan ejemplos permanentes de la mortalidad de los seres humanos, y nosotros solo nos detenemos un instante en ellos para sorprendernos. ¿Existe algo más insensato que asombrarse de ver llegar un día lo que puede llegar diariamente? Indudablemente, nuestro final ya está fijado por el destino inexorable; sin embargo, nadie conoce a qué distancia se encuentra de nosotros. Todos los días estemos libres para todo lo que es la vida, no olvidemos nada, actuemos como si hubiésemos llegado al final de nuestra carrera.

* * *

De buena gana, yo exclamaría como aquel hombre que fue salvado por un amigo de César del destierro de los triunviros y que, lleno de arrogancia, le decía: «¡Me someto a César! ¿Hasta cuándo me vas a decir una y otra vez: "yo te he librado de la muerte, yo te salvé?"... Si yo la recuerdo, yo te debo la vida; y si tú me la recuerdas, la muerte. Yo no te debo nada si tú únicamente me salvaste para alardear del bien que hiciste. ¿Me seguirás arrastrando con tu carro sin cesar? ¿Jamás me dejarás olvidar mi infortunio? Sin ti, yo habría sido llevado como trofeo de triunfo solo en una ocasión».

* * *

Reprochamos al destino todos los días diciéndole: «¿Por qué este hombre fue arrebatado en medio de su carrera? ¿Por qué aquel no lo ha sido todavía? ¿Por qué razón prolonga una vejez tan triste y difícil para sí mismo y para otros?». Yo les ruego, ¿cuál de estos casos es, por ende, el más justo: que la naturaleza los obedezca u obedecer a la naturaleza? ¿Qué importa que salgan rápido o tarde de un mundo del que, hagan lo que hagan, es necesario salir? Vamos a pensar en vivir muchísimo, no en vivir bastante tiempo. Necesitan del destino para vivir de este modo; para vivir muchísimo, solo tienen necesidad de ustedes mismos.

Cuando la vida está llena es larga, y lo está cuando el alma ha conseguido el único bien que le conviene: tener asegurado el exclusivo derecho de someterse. ¿Para qué le son útiles ochenta años de inactividad a este hombre? Esto es haber permanecido en la vida, no es haber vivido; es haber estado muerto por un tiempo muy largo, no es haber muerto tarde. Dicho hombre ha vivido ochenta años, sin embargo, es necesario indagar qué día es la verdadera fecha de su muerte. Este otro ha fallecido en la flor de la edad, sin embargo, llenó los deberes de un buen hijo, de un buen amigo, de un buen ciudadano; no olvidó nada, su vida fue perfecta, aunque su edad haya sido imperfecta. ¿Este hombre vivió ochenta años? Dirán que ha existido por un lapso de ochenta años, a menos que ustedes no piensen que ha vivido como viven los árboles.

* * *

Si la vejez me deja dedicado completamente a mí mismo, o sea, la mejor parte de mi ser, yo jamás la abandonaría; sin embargo, si ella se presta a darle quebrantos a mi alma, a alterar todas sus funciones, si yo soy una máquina animada y no un hombre vivo, me lanzaré fuera de un edificio a punto de derrumbarse. Durante la enfermedad, a menos que no fuera dañina e incurable para mi alma, ni durante los dolores que la acompañaran, nunca atentaría contra mí: matarse es sucumbir aquí. Sin embargo, si yo estuviese plenamente convencido de que la enfermedad nunca va a finalizar, la abandonaría, no a causa de ella, sino porque yo no podría cumplir durante más tiempo los deberes por los que existo. Si morir porque se sufre es una debilidad, vivir para sufrir es una verdadera locura.

* * *

La realidad es que la vida es un drama; y no precisamente por su duración, sino por la forma como se representa, por lo que nos interesa. El problema no está en saber en qué lugar la finalizarán. Acábenla donde deseen: hagan de manera que únicamente sea bueno el desenlace.

* * *

No hay ninguna persona tan ignorante como para no saber que un día debe morir. A pesar de esto, cuando se acerca el momento llora, tiembla, retrocede. ¿Ustedes no mirarían como el hombre más loco de los locos al que se quejara de no haber nacido mil años antes? Entonces, no sería menos locura sollozar porque no se viva mil años después. No haber sido y no ser más son la misma cosa: son dos tiempos de que los que no somos dueños.

* * *

El ser humano grande debe ser obediente a Dios y someterse a la ley universal sin murmurar. Solo abandona esta vida para pasar a una vida mejor y para habitar en el seno de la paz y de la gloria con las divinidades o, al menos, al abrigo del sufrimiento, y será regresado a la naturaleza que lo produjo, entremezclado entre todos los elementos del enorme universo. Todas las cosas tienen su vejez: el fin es el mismo, aunque pueden diferir los términos. Todo lo que es dejará de ser, y se va a descomponer sin ninguna aniquilación; la descomposición es, para nosotros, una verdadera destrucción, debido a que no vemos lo que está luego de nosotros, y nuestras almas, que están consagradas a los cuerpos, no se atreven a lanzar allá sus miradas ciegas. Si se estuviera convencido de que la naturaleza es únicamente una continua sucesión de nacimientos y de muertes, que los cuerpos compuestos siempre se disuelven, y que el genio del arquitecto universal se desenvuelve en este círculo infinito, se soportaría con más valentía nuestra muerte y la de nuestros seres queridos.

* * *

Es que el sabio no desea que se fijen límites a su duración. Dice: «Todos los años me pertenecen, para el genio no existen siglos impenetrables y cerrados, no hay ningún tiempo en donde el pensamiento no penetre. Yo voy a dejar este cuerpo donde lo he encontrado, y me regresaré con los dioses cuando llegue el día en que deba separar esta mezcla de humanidad y de divinidad».

* * *

Si deseamos ser dichosos, no estar angustiados por el miedo a los dioses, a los hombres, a las cosas, desafiar las pueriles amenazas y las promesas inservibles de la fortuna y, al final, pasar días serenos y disputar su dicha a los propios dioses, precisamos tener nuestra alma siempre preparada para marcharse: cuando sea atacada, por enfermedad o por emboscadas; por la destrucción de una isla completa o por la espada del enemigo, por la ruina del mundo mismo, por un fuego que envuelva campiñas y ciudades en un incendio general, es necesario recibir la muerte cuando le provoque llegar. Absolutamente todo lo que yo le debo a mi alma es confortarla con votos favorables y convencerla para la partida. «¡Vete con valor, que la felicidad sea tu compañía, no dudes en regresar tu depósito! De lo que se trata es del tiempo, no del objeto mismo. Haz lo que temprano o tarde es necesario hacer; no te alarmes, no supliques, no des pasos hacia atrás como si fueras a caer en un abismo. La madre a quien debes todos tus días, la naturaleza, te espera; tendrás una residencia más segura y más virtuosa: la tierra no tiembla en este refugio dichoso, los vientos nunca pelean rodeados de nubes que hacen estallar, los incendios no devoran naciones y ciudades; ya no son de temer ni los ejércitos en batalla ni los naufragios que engullen flotas enteras, ni estos miles de hombres enfrascados en sus matanzas ni la peste, cuyos estragos causan confusión y reúnen en uno solo a los destructores de los pueblos devastados».

LA DIVINIDAD

Va a llegar un día en que los secretos de la naturaleza rompan todos los velos que los esconden, en que toda la niebla que tenemos alrededor quede disipada y venga una luz brillante a alumbrarnos por todos lados. ¡Imagínense cómo resplandecerá esa luz que debe nacer con los brillos de tantos astros! No habrá ninguna sombra que empañará esa pureza, ya que resplandecerán todos los espacios del firmamento. La sucesión de la noche y del día está hecha por el viento tosco de nuestro sistema de hoy. Ustedes comprenderán que pasaron su vida en las tinieblas cuando todo su ser mire la luz completa, que divisan de manera confusa actualmente por los reducidos conductos de sus ojos, y que admiran, sin embargo, a una distancia inmensa. ¿Qué pensarán de la luz divina cuando la vean en su foco asombroso?... Estas ideas no van a permitir anidarse en su alma ninguna idea cruel, baja y sórdida. Les dirán que los dioses son testigos de la totalidad de las cosas. Los exhortarán a conducirse de un modo digno de ellos. A

prepararse para su trato. A representarlos sin que la eternidad se detenga.

* * *

Ustedes dirán que es a la naturaleza a la que yo soy deudor de todos estos bienes. ¿No se dan cuenta de que hablando de esta manera lo único que hacen es cambiar el
nombre de Dios? ¿Acaso es la naturaleza otra cosa que el
mismo Dios, que la inteligencia divina repartida por todo
el universo y en todas sus distintas partes? Si quieren, ustedes mismos pueden llamar de otras maneras a este Autor
omnipotente del universo: lo pueden llamar el Maestro del
Rayo, el gran Júpiter, el Regulador Soberano (no debido a
que él detenga, siguiendo a los historiadores de Roma, ante
la súplica de Rómulo, la armada fugitiva de los hijos del La-
cio, sino porque su bondad preserva el orden de la naturaleza); ustedes todavía pueden darle el nombre de Fatalidad,
debido a la Fatalidad no es más que el complejo encadenamiento de las causas, y la primera de las causas es Dios, de
la cual dependen todas las otras. En pocas palabras, pueden
darle todos los nombres que quieran con tal que escojan algunos de sus atributos o de los efectos de todos los cuerpos
celestes. La totalidad de los beneficios que nos da forman
otros tantos nombres como pueden otorgársele.

* * *

Todavía tengo presente unas atrevidas palabras del famoso Demetrio. Él decía: «¡Dioses inmortales! Yo única-

mente tengo un motivo de queja contra ustedes: es el de no haberme hecho conocer su voluntad muy pronto. Yo habría tenido el mérito de prevenir sus órdenes, y de esta manera no tengo más que el de haberlas obedecido. ¿Ustedes quieren a mis hijos? Para ustedes es para quien los he educado. ¿Quieren alguna parte de mi cuerpo? Escojan, yo no me engaño en nada... Dentro de un instante me será necesario dejarlo todo. ¿Quieren mi vida? No dudo en devolverles lo que ustedes me han entregado; sin embargo, yo hubiera preferido ofrecérselas. Entonces, ¿por qué arrancarme lo que ustedes pueden pedir?... Pero ustedes no me quitan nada, puesto que solo se arrebata a quien se opone a ello. No ejercen violencia ni coacción contra mí: yo acato los designios de Dios, lo obedezco. Aparte de esto, sé que todos los sucesos son ciertos, que una ley inmutable regula su curso».

* * *

Un árbol es fuerte y sólido solo después de haber resistido los asaltos de cientos, ya que semejante agitación le fortifica sus raíces y le proporciona asiento. Por el contrario, no adquiere fuerza cuando crece en un resguardado valle. Por ende, es para beneficio de las personas de bien el que Dios las exponga a los peligros, con la finalidad de volverlas valerosas y capaces de resistir a los males, que no lo son más que para quien no pueda soportarlos.

* * *

El Supremo Dios se complace en aleccionar y endurecer

a quienes ama. En cambio, a los que parece tratar con más miramientos y dulzura es a los que están hechos irremediablemente para doblegarse ante los males. Efectivamente, no crean que pueden estar libres de eso. Esta persona dichosa por tanto tiempo tendrá su fracaso: le parecía olvidado, y su desdicha solo estaba retrasada.

* * *

A los dioses no los coacciona nada externo a ellos. Han establecido normas que no pueden cambiar y así les sirve de ley su voluntad eterna.

* * *

Hay algunos otros dioses que no pueden hacer mal y solo tienen cualidades saludables y benéficas. Esos son los dioses inmortales, que no tienen poder ni voluntad de hacer daño. Su naturaleza es apacible y serena, tan alejada de padecer como de infligir la ofensa. Las personas ignorantes e insensatas les atribuyen las lluvias, las tormentas, la dureza de los inviernos, siendo de esta manera que nosotros no somos tenidos en cuenta para estos fenómenos perjudiciales o útiles para nosotros. Todos los años, el mundo conduce en nuestro favor nuevamente los veranos y los inviernos. La totalidad de estos movimientos posee leyes inmutables, a las cuales están sometidos los cuerpos celestes.

¡Qué presunción tan ridícula considerarnos de tanta importancia como para ser los objetos de estas revoluciones del universo! Los dioses no están, por ende, escogidos para causarnos daño, sino para atender, principalmente, todo lo necesario para nuestra subsistencia.

* * *

Los dioses, parecidos a los padres dulces que sonríen cuando ven cómo se enfurecen sus hijos, no dejan de acumular beneficios sobre aquellos mismos mortales que no los reconocen ni aceptan como autores.

* * *

¿Siempre se hará la pregunta de por qué Dios permite que a las personas de bien les lleguen los males? Es que no lo permite. Ha apartado todos los males de ellos, ha separado también los malos pensamientos, los crímenes, los delitos, el libertinaje ciego, los proyectos ambiciosos, la envidia ansiosa del bien de otro. Dios cuida y protege a los hombres virtuosos. ¿Ustedes exigen que Él guarde hasta sus equipajes y sus cargas?

* * *

Entre las personas buenas y Dios existe una amistad cuyo único lugar es la virtud. ¿Dije una amistad? Es más todavía: una semejanza perfecta, una gran afinidad. La persona de bien solo se diferencia de Dios en la duración. Es su verdadero hijo, su discípulo, su imitador.

* * *

¡Hay filósofos que no tienen dudas de la existencia de sus almas, que dentro de sí mismos reconocen una previsión que es capaz de armonizar sus propios asuntos con los de los otros; pero que no aceptan la inteligencia de este gran todo del que somos las partes, y lo imaginan o conducido por una naturaleza que no sabe lo que hace o arrastrado por un impulso ciego!

* * *

No únicamente me someto a Dios, sino que también estoy sujeto a su voluntad, y yo lo obedezco por inclinación, no por necesidad. Jamás recibiré con consternación ni tristeza ningún suceso, jamás pagaré con rebeldía mi parte del tributo general, ya que todos los tributos de la vida son estos pretendidos males que nos hacen temblar y sollozar.

* * *

La noche de los libertinos solo les brinda falsas alegrías similares a la noche anterior; sin embargo, la que nunca se interrumpe es la alegría de los dioses y de sus iguales. Finalizaría si llegase de fuera; pero no depende de nadie, porque no es motivada por nadie. Es que la fortuna no puede arrebatar lo que ella no ha entregado.

* * *

El sendero hacia los dioses es más sencillo para las almas que pronto han dejado a un lado el trato de los seres humanos, evitándose muchas aflicciones y suspiros. Antes de ser sometidos se vieron libres y, por decirlo de alguna manera, cubiertos de materia, estando más competentes y ligeros para volar a su lugar de origen y flotar sobre el fluido etéreo sin ningún impedimento. Asimismo, a los grandes genios jamás les parece demasiado deseable la permanencia del cuerpo: arden de deseo por elevarse después de salir de aquella materia. Habituados a cernerse por encima de la tierra y a recorrer la inmensidad de los cielos, se encuentran retenidos en esta estrecha prisión. Este es el motivo por el que Platón se queja de que el alma del sabio se esfuerce en ir corriendo hacia la muerte, único objetivo de sus pensamientos y deseos, único fin hacia el cual marcha sin demora.

* * *

Créanme: sea quien sea el fundador de este universo, un Dios dueño de toda la naturaleza, o una razón intangible capaz de producir los efectos más grandes, o un soplo divino infiltrado con la misma energía en los cuerpos más pequeños como en los más grandes, o un destino y encadenamiento inalterable de causas unidas entre sí... este agente soberano solo ha querido dejarnos depender de los otros por las cosas poco importantes. Lo que la persona tiene de excelente y por encima de la potencia humana no puede ser robado ni donado; yo estoy hablando de este mundo, lo más magnífico e inmenso de todas las obras de la naturaleza; estoy hablando de nuestra alma, hecha para admirar y observar al mundo, del cual es la parte más noble, del alma que es nuestra, que nos pertenece en propiedad y para toda la vida, y que debe perdurar con nosotros también tan largo tiempo como perduramos nosotros mismos. Entonces, vamos, de manera decidida, con paso seguro y valeroso, por todos los lugares donde sea necesario ir.

* * *

El destino, ¿qué es? Es la necesidad insuperable de los sucesos y de las cosas. Se desconoce a la divinidad pretendiendo que pueda ser calmada con sacrificios, inmolando un cordero blanco. ¿Qué será de Dios si el sabio, y toda persona igual a él, no puede cambiar de opinión? La divinidad revela a Dios todos los tiempos a la vez, la sabiduría únicamente revela al hombre los recursos y decisiones para el momento presente.

* * *

Al destino lo podemos acusar de inflexible, debido a que no conseguimos hacerle cambiar de intenciones: es inevitable. Insensible a nuestros razonamientos, a nuestras lágrimas, a nuestras ofensas, no restituye ni perdona nada a ninguna persona. Entonces, economicemos lágrimas inservibles: nuestro sufrimiento antes contentaría a quien le lloremos que a no atormentarnos y consolarnos. Es preciso, pues, reanimarnos rápidamente y librar nuestra alma de consuelos estériles y del placer amargo que toma con desconsolarse.

* * *

El esconderse a los ojos de los hombres, ¿de qué sirve? Para Dios no hay nada oculto. Se encuentra presente en nuestras almas, interviene en nuestros pensamientos de manera eficaz. Digo que interviene porque en algunas ocasiones se aleja. Entonces, vuelvo a su pregunta: ¡Yo les voy a indicar de manera voluntaria el orden y los pormenores de mi comportamiento; revisaré mis pensamientos todas las tardes, es una de las prácticas más útil para llegar a Dios! Lo que hace que nuestros vicios estén más arraigados es el que jamás llevemos nuestras miradas a las acciones del pasado. Únicamente se piensa en lo que haremos, y esto en muy contadas ocasiones, ya que nadie se preocupa de lo que hizo. Por ende, es el pasado el que nos enseña cómo es la misma vida y lo que se necesita hacer en el futuro.

* * *

En vano vamos a elevar nuestras manos al cielo. Inútilmente lograremos del guardián y custodio de los altares que nos acerque el oído al simulacro para que podamos escuchar mejor. Ese Dios que nosotros suplicamos se encuentra cerca de nosotros, en nosotros y con nosotros. En el corazón del hombre virtuoso habita un Dios, un ser indefinible, un Dios incomprensible. ¿Ustedes entran en un bosque sagrado? La apariencia añeja de sus árboles corroídos, de ramas entretejidas; el grosor de sus copas que, enredándose, nos esconden el cielo; la soledad y la altura del bosque; el pánico que inspira esta sombra profunda y densa, todo nos convence de que existe una divinidad. Igual sucede con las cavernas que, descarnando la piedra, dejan una montaña como si estuviese suspendida en el espacio, y cuya naturaleza ha creado la inmensidad, sin el auxilio de los mortales. Ante su contemplación, nuestro ánimo se siente conmovido por un sentimiento religioso. Idolatramos los manantiales de los inmensos ríos. Y si las aguas, cuando emergen a tierra, surgen con una violencia súbita y estrepitosa, les construimos altares. Asimismo, las fuentes termales son objeto del culto. Por sus tinieblas impenetrables o por la profundidad de sus abismos han sido consagrados algunos estanques. ¿No atraerá sus homenajes una persona a quien los peligros no la pueden quebrantar, ni las pasiones sobrecoger, ni la adversidad impedirle ser feliz, que vive tranquila en medio de las tormentas, camina a la par con los dioses y se eleva por encima de los seres humanos? ¿Ustedes no dirán que es imposible que el comienzo de tantas virtudes y de tantas grandezas sea similar al cuerpo miserable que le anima?

Esa elevación de espíritu solo puede proceder de las alturas celestes. La única capaz de formar y sostener un alma tan dueña de sí, tan noble, que se ría de nuestros deseos y de nuestros miedos es la omnipotencia divina. De la misma manera como los rayos del sol llenan la tierra de efluvios, aunque pertenezcan al astro que nos los manda, igual permanece con nosotros, sin abandonar su lugar de origen, el

alma santa y noble enviada al mundo con el fin de acercar-
nos a la divinidad.

* * *

¡Oh, Marcia! Condúzcanse, entonces, como al tener
por testigos a su padre y a su hijo, no a quienes conocie-
ron, sino a otros de una naturaleza más alta, que habitan
el cielo. Avergüéncense de todo comportamiento grosero e
innoble, cuídense de llorar una metamorfosis tan hermosa.
Reunidos en el seno eterno de la naturaleza, en esos espacios libres y enormes, ya no están separados por los valles
profundos, por los océanos, por los bancos de arena peligrosa, por la altura de las montañas. Todos los caminos
están unidos para ellos, abiertos, fáciles, sembrados de muchos astros que los alumbran.

* * *

Toda la naturaleza perecerá bajo la acción de sus propias
fuerzas cuando llegue la hora en que se extinga el mundo
con el fin de renovarse: la materia arderá, los astros choca-
rán entre sí y los cuerpos celestes, que en la actualidad res-
plandecen con tanta armonía, solo formarán un inmenso
incendio. Y nosotros mismos, almas dichosas, que habita-
mos la mansión eterna, cuando Dios considere oportuno
iniciar toda su obra nuevamente, en medio de la destrucción universal, proporcionaremos una adición muy débil
a la enorme masa de escombros y volveremos a nuestros
elementos de antes.

* * *

En Atenodoro he encontrado un pensamiento muy exacto: «Cuando se ha logrado no pedir a los dioses más de lo que puede pedirse en voz alta es cuando estamos realmente libre de las pasiones». Actualmente, ¿cuál es la locura de los seres humanos? En voz baja, murmuran votos infames al oído de los dioses. Si se les escuchase, guardarían silencio, debido a que no se atreverían a decir a los otros hombres lo mismo que les dicen a los dioses. Entonces, pueden, amigos míos, estar libre de esta recomendación: «Hablen a Dios como si los hombres los escucharan. Vivan con los hombres como si Dios los viera».

ÍNDICE

Estudio Preliminar 5

EL LIBRO DE ORO

Máximas morales 11

Principios filosóficos 73

La filosofía 75

El alma llena de virtud 83

La felicidad del hombre sabio 121

El hombre sabio entre los demás hombres 155

El sabio frente a la muerte 199

La divinidad 241